上海市农业科学院卓越团队资助出版

土地非均衡发展及其空间扩散机制研究

TUDI FEIJUNHENG FAZHAN
JIQI KONGJIAN KUOSAN JIZHI YANJIU

张孝宇 ⦿ 著

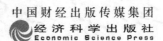

中国财经出版传媒集团
经济科学出版社
Economic Science Press

图书在版编目（CIP）数据

土地非均衡发展及其空间扩散机制研究／张孝宇著．
—北京：经济科学出版社，2019.3
ISBN 978 - 7 - 5218 - 0218 - 4

Ⅰ.①土…　Ⅱ.①张…　Ⅲ.①耕地 - 非农化 - 研究 -
中国　Ⅳ.①F323.211

中国版本图书馆 CIP 数据核字（2019）第 014892 号

责任编辑：周胜婷
责任校对：杨　海
责任印制：邱　天

土地非均衡发展及其空间扩散机制研究

张孝宇　著

经济科学出版社出版、发行　新华书店经销
社址：北京市海淀区阜成路甲 28 号　邮编：100142
总编部电话：010 - 88191217　发行部电话：010 - 88191522
网址：www. esp. com. cn
电子邮件：esp@ esp. com. cn
天猫网店：经济科学出版社旗舰店
网址：http: //jjkxcbs. tmall. com
固安华明印业有限公司印装
710 × 1000　16 开　11 印张　200000 字
2019 年 3 月第 1 版　2019 年 3 月第 1 次印刷
ISBN 978 - 7 - 5218 - 0218 - 4　定价：48.00 元
（图书出现印装问题，本社负责调换。电话：010 - 88191510）
（版权所有　侵权必究　打击盗版　举报热线：010 - 88191661
QQ：2242791300　营销中心电话：010 - 88191537
电子邮箱：dbts@esp. com. cn）

前　　言

　　土地发展包含两个层面。一是土地投入的增加，如资本、劳动力、技术或者化肥、农药、种子等；二是土地利用方式的变化，如土地从低密度利用向高密度利用的转变。耕地非农化发展是土地发展的重要形式，耕地资源的保护和非农发展间的矛盾造成私人利益与社会利益的不一致，并由此产生正的外部性和负的外部性，分析耕地保护与非农化的空间非均衡性及扩散机理可以为土地管理部门提供有效的决策信息。中国处于工业化和城镇化快速发展时期，过去经济发展中没有充分考虑土地使用的各项成本，土地非农化的经济成本低，但随着经济的发展这种粗放式的土地利用模式越来越难以为继。政府基于科学管理和决策的需求也十分重视耕地非农化的空间变化规律，然而学术界对此研究尚处于探索阶段。

　　耕地非农化是土地非均衡发展的重要形式，本书以武汉市为例，从耕地非农化的空间自相关变化、耕地非农化的空间扩散路径和机制等方面入手，分析了空间自相关变化产生的原因、驱动力的异质性和耕地非农化区位的预测，并在理论分析框架的基础上，结合实证分析结果和国外相关制度的做法提出了针对我国耕地非农化控制管理的政策优化建议。具体的研究和讨论从以下几个方面展开。

　　首先，本书对土地非均衡发展的内涵进行了阐述，指出土地非均衡发展是由土地异质性、土地竞租和土地使用管理制度引起的土地用途变更在地理空间上的非均衡分布。土地非均衡发展实际上包含三个方面：一是土地用途转变在时间和空间上的非均匀分布；二是在土地利用和保护过程中社会决策偏好与私人决策偏好的不一致；三是土地发展机会的不平等。本书在土地非均衡发展的内涵基础上构建了一个理论分析框架，分析了不同研究视角下的土地非均衡研究框架，并根据土地非均衡发展的内涵协调了各视角下的差异，为实证分析提供逻辑思路。

然后，本书对武汉市的土地非均衡及其扩散路径进行了研究。这一部分以五年为一个时间段，分析了武汉市耕地的空间分布，并在此基础上分析了耕地非农化的空间分布，通过基尼系数衡量耕地非农化的非均衡程度分别为 0.8285、0.7177、0.5912 和 0.5289，证明从耕地非农化的地理空间分布而言，武汉市的耕地非均衡程度在逐年减缓。通过绘制基于耕地非农化速度分级的重心曲线，反映出武汉市的耕地非农化围绕着城市核心区在进行。通过比较分析耕地非农化的空间扩散路径与 GDP、人口重心的移动路径，本书认为武汉市的耕地非农化与经济、人口的发展虽然不是绝对均衡，但是从整体上而言还是有序的。

接着，本书通过探索性空间分析的方法对武汉市耕地非农化的空间自相关特征进行了分析。经测算，武汉市耕地非农化存在全局空间自相关性，其聚集强度经过前三个时期的不断加强（0.1207、0.2802 和 0.3124）后，在第四个时期（2005~2011 年），下降为 0.2203。经过 EB 修正的武汉市耕地非农化 LISA 图显示了武汉市耕地非农化的聚集区域由 LL 型聚集主导逐步转变为 LH + HH 型聚集主导，而 LH 型聚集较之其他类型而言有较高的概率转为 HH 型聚集，所以从耕地保护的角度出发，LH 型聚集出现的乡镇是地区耕地保护的优先和重点区域。通过测算乡镇尺度上耕地非农化的空间聚集和离散程度，并结合实际分析变化产生的原因，本书认为耕地保护行为中需要调整现行的无差异的土地管理和利用模式，才能提升管理绩效。

在分析了耕地非农化的空间扩散路径和空间自相关特征与变化原因后，本书基于全局 logistic 模型识别出地块尺度数据上武汉市耕地非农化的驱动力，并验证了土地利用变化中相邻地块间的外溢效应，通过基于非均质假设的地理加权 logistic 模型检验了驱动力的空间异质性，从模型预测效果上证明了地理加权 logistic 模型优于全局 logistic 模型，最后用地理加权 logistic 模型的估计参数对耕地非农化的区位进行了预测。

最后，本书按照前述构建的理论分析框架，利用在要素流动视角下的研究结果进行了判断。虽然通过空间自相关分析得到社会决策偏好下耕地保护和用途管制的重点和优先区域在局部自相关的 LH 型聚集发生的地区，但数据分析显示我国的基本农田保护制度是无效的，这说明社会决策偏好与私人决策偏好的差异已经发展到对制度优化产生了需求。本书结合土地发展受限和私人财产权保障的理论分析，介绍了国外相关制度，并对我国政策优化的方向进行设想。

本书构建了一个协调土地非均衡发展不同研究视角差异的理论分析框架，并在此框架的逻辑思路下进行实证分析。本书的重点在于对耕地非均衡发展的趋势把握，以及在耕地非农化空间扩散过程中的机理和规律的研究，这部分研究结果为框架中的其他部分提供了重要的决策信息，这些决策信息和理论分析的思路能为现阶段的政府宏观决策提供有价值的政策建议。

目　　录

1 绪 论

1.1 研究背景

1.1.1 土地均衡与非均衡发展

土地发展包含两个方面，一个是土地投入的增加，另一个是土地利用方式的变化。其中土地投入增加指的是单位面积土地上投入的资本、劳动力和技术的增加，或是在土地、资本、劳动力、技术等要素投入组合不变的情况下，土地外部要素投入的增加，如农药、种子、肥料等，土地投入的增加是为了提高土地集约利用水平，从而增加单位面积产出。土地利用方式的变化，是指土地从利用强度低的方式向利用强度高的方式转变，如由农地转为非农建设用地，或是低密度建筑改建为高密度建筑。

土地是自然的产物，是人类劳动改造的成果。土地的存在不以人类的意志为转移，不同的地块由于自身的地形、土壤条件和所处位置的气候、水文、地质条件的不同而导致地块质量不尽相同；即使是自然属性差异很小的地块，也可能会在社会经济属性上有差异，因此几乎不存在属性完全相同的两个地块。除此之外，地块上的劳动力、资本、外部投入也不会完全一样，地块属性的差异必然会导致其发展机会的不同，也即土地利用用途和强度的差异；从土地资源的异质性看，土地发展的非均衡是绝对的，而均衡是相对的。

土地和人口作为经济发展的投入要素，三者之间的变化有着密切的联系。

人口与经济从理论上讲保持着较高的一致性，一般而言，经济发展较好的地区具有较多的就业机会，单位面积上能容纳更多的人工作和生活；而经济发展较差的地区则反之；相对地，在人均创造价值的能力相当的时候，单位面积上人口密度大的地方经济产出会更大，人口密度小的产出则相对较小。但土地与经济、人口的关系相对而言更复杂些，因为土地本身没有价值，其价值是通过人类的生产生活行为体现出来的，且其位置和面积是不随人类意志而转移的。经济发展较好、人口密度较大的地区，建设用地增长的速度应该较快，但若对应地区的建设用地后备资源已比较匮乏，则土地只能向外围的相邻地区扩散发展，这样必然导致人口和经济也随着土地向外扩散发展，这是以人口经济带动土地发展。再者地方政府为了吸引人口和资金要素向本地区流动以振兴地方经济，可能在土地开发前，通过较低的土地使用成本来吸引产业进驻，创造就业岗位，进而发展经济，这是以土地发展带动人口和经济的振兴。不管土地和经济、人口是何种互动形式，他们之间的发展存在一个时间差，即发展的相对滞后，因此，从同一个时间去看，土地、经济和人口之间必然是非均衡发展的。

人类通过劳动对土地资源加以利用并产生经济价值，土地是人类活动的载体，是人类生产生活的物质基础。陆红生指出，人类对土地资源的需求会使土地出现稀缺现象，从而催生了土地产权（陆红生，2007），在自由的市场里，土地产权的所有者享有平等的财产权，但在实际中，管理者为了社会的整体利益，会通过政策对土地利用活动做出一些限制。例如基于保障粮食安全、涵养水分、调节气候、维护生物多样性等考虑，管理者对耕地利用做出一定的限制，以保障耕地维持一定的数量和质量，这是对土地发展权的限制，其本质是对土地产权所有者财产权的限制。又如住宅用地，开发商基于效益最大化的立场，希望在单位面积的土地上产生更大的建筑面积，但是建筑密度过高会影响住宅的居住品质而使房屋所有者的福利受到损失，所以为了平衡开发商和购房者的利益，需要对住宅用地的使用强度进行限制，例如规定容积率、建筑物高度、停车空间和楼栋间距等，这也是对土地发展权的一种限制。对部分土地的发展权进行限制，是对受限土地所有者的财产权的一种损害，但这是基于社会的整体和长远发展利益考虑，社会决策往往很难满足所有的私人偏好，所以在决策过程中必然会让一部分人的私人利益受损，从这种角度来看土地非均衡发展具有必然性。

　　由以上分析可知，土地非均衡发展表现为空间分布的非均衡、土地发展权的非均衡和土地利用过程中社会决策与私人决策偏好的非均衡三个方面，由于土地资源的禀赋差异和区域经济发展过程中追求效率引起的社会资源配置差异，土地非均衡发展具有绝对性和必然性。土地的均衡发展是相对的，土地利用过程中的非均衡发展是普遍规律，没有非均衡也就谈不上发展。本书将土地在地理空间分布上的非均衡发展当作现象，试图通过土地非均衡发展的现状和机理分析，探索区域经济发展和城市成长过程中土地相对均衡发展的路径。

1.1.2　土地非均衡发展对社会经济的影响

　　（1）土地发展机会的非均衡造成土地使用受限区内土地产权所有者的福利损失，从而产生社会不公平。虽然政府实施土地用途管制行使的是一种维护公共卫生、公共安全、公共道德与公共福利的权力，我国现行的土地用途管制较依赖于行政手段，配套的经济手段相对不足，这样受限制区内的土地价值出现"暴损"（wipeout），土地发展机会的非均衡造成社会不公平，土地发展权明显缺失。美国通过设立农地发展权转移市场来弥补这种不公平，允许通过市场交易将限制开发地区土地的发展权转移至可开发区域，以开发所得来弥补在受限制区域内土地所有者的损失。我国的土地用途管制制度是出于对全社会整体福祉的考虑而设置的，出发点是保护耕地，但制度设计中缺乏配套措施来平衡限制土地发展权对土地价值的影响。

　　（2）土地非均衡发展造成公共财政的巨大压力。城市在经济发展和空间扩张过程中，人口城镇化和耕地非农化二者往往同步发生，公共设施的水准、便利性和可及性是城镇与乡村根本性差异的重要体现，因而在耕地非农化之后需要政府的公共财政支撑来进行配套基础设施的建设，城市的发展会对人口产生聚集效应，但城市中心的高房价和高生活成本会驱使居民向城市外围流动，带来耕地非农化的需求。城市在空间快速扩张过程中，若综合条件不成熟或不适当区位的耕地在缺乏系统规划的情况下转为非农建设用地，会导致耕地非农化区位在空间上缺乏有序性，为修建配套的基础设施政府公共财政将面临巨大的压力。在财政部2006年的《中国城市负债问题的调研报告》中指出，我国城市的债务率（债务余额/可支配财力）已经超过100%，表明我国城市的财政债务问题已经相当严重，而城市建设债务占城市本级财政债务总额的70%~90%，成为城市本级财政债务的最主要构成部分。报告还指出，城市债务增长速度最快的是中西部省会城市和东部地级市，这反映出中西部省会城市和东部地级市可支配财力与其城建需求相比严重不足，土地非均衡发展带来的快速的城市扩展已经对地方公共财政产生了巨大压力。

（3）土地非均衡发展导致景观破碎、生物多样性减少和生态环境恶化等严重的环境问题。土地使用分区管制（zoning control）从1916年美国纽约市在《综合性土地使用分区管制规则》（New York City Zoning Resolution）中正式提出至今，已超过一百年，被各个国家广泛地应用，以提升土地的使用效率，其对土地的用途和利用强度的限制导致了典型的土地非均衡发展。彭达尔（Pendall，1999）指出，土地使用分区管制制度的策略外部性会造成城市蔓延发展。罗宾逊等人（Robinson et al.，2005）指出，城市蔓延发展是造成森林、农田和湿地等开放空间减少的主要原因。不同国家的资源条件使得在城市蔓延过程中所消耗的自然资源有所差别。例如，美国湿地减少总量的51%就是由城市蔓延扩张造成（Dahl，2000）；美国东部城市的蔓延则导致了大量林地的损失（Hasse，2003）；在荷兰的城乡接合部、俄罗斯首都莫斯科的周围因城市蔓延造成农用地大量减少（Van，2002；Ioffe，2001）；在英国和以色列等国家由于城市蔓延扩张导致农田和森林减少而造成开放空间损失的问题也早已引起学者们的注意（Rothblatt，1994；Razin，1998）。由土地非均衡发展引起的城市蔓延发展会引发生物栖息地的减少、景观破碎化（Irwin，2007）、景观异质性下降（Jenerette，2010）等问题，而这些景观冲击的严重后果就是引发了生物多样性的减少、气候变迁等全球性的环境问题（Fahrig，et al.，2003；Armsworth，2006；Lewis，2009）。

1.2　研究意义及目的

本书通过耕地非农化来反映土地非均衡发展。耕地非农化是城市工业化和城镇化过程中不可避免的现象，但由于耕地生产和生态功能的难以替代性和耕地非农化的不可逆性，在耕地非农化中如何实现耕地保护和经济发展成为一个复杂的系统性问题。从现象上看，耕地非农化是土地利用方式的转变，土地从农业生产用途转变为非农的生产、生活用途；然而从本质上看，耕地非农化过程中涉及产权的变化。在自由的市场经济中，耕地是否非农化是由耕地所有者在综合各项因素（如区位、基础设施、环境水平和对未来的预期等）后所做的决策，但出于耕地保护的目的，国家设立了基本农田保护区，试图以提升社会整体效益的目标对耕地非农化的区位做出限制，但这种强制性管制政策对于处于基本农田保护区内的土地所有权人而言意味着私人利益的损失。因此，在研究耕地非农化的空间扩散机理的基础上对现行的土地管理政策进行优化，提升现行土地政策对城市发展的影响，并试图通过制度设计消除社会决策偏好与私人决策偏好间的非均衡，这无论对耕地保护还是社会经济的可持续发展都有重大的意义。

从理论层面看，现有的土地非均衡发展方面的研究都是从单一的研究视角开展，有的土地非均衡发展研究侧重空间分布上的不均衡，有的土地非均衡发展研究侧重土地发展权的不均衡，有的土地非均衡发展研究侧重土地利用过程中社会决策偏好与私人决策偏好的不一致。以各自的视角去研究土地非均衡发展缺乏系统性和整体性，但实际上各个研究的内容是相互影响、密不可分的。土地非均衡发展的空间扩散过程具有高度的复杂性、动态性和不确定性，本书在较长的时间跨度下使用较高分辨率的土地利用分类数据，从地块尺度的微观层面开展自下而上的土地非均衡发展的空间扩散机理研究，将地块的环境、经济、社会和政策等非地块自然禀赋的要素纳入耕地非农化发展的演化过程中，并以此作为政策优化的基础，这使得本研究的开展具有一定的理论意义。

从现实层面看，根据土地非均衡发展的空间扩散机制对现行的土地利用政策进行优化，有助于管理者利用政策引导耕地非农化的区位优化土地资源的空间配置，提升土地利用政策的科学性和导向性。近二十年，武汉市城镇范围经历了快速的空间扩展过程，在这个过程中伴随着大量的耕地非农化，武汉市中心城区建设用地面积达到 44802.70 公顷，占中心城区总面积的 46.91%，而主城区内除建设用地外的土地中有 33.68% 为水域和水利设施用地①，中心城区内可用于建设的后备土地资源十分有限，所以未来武汉市在城市发展过程中城市边界会不断外推，耕地非农化的区位也会随之向外围扩散。因此，对武汉市土地非均衡发展的空间扩散机理进行探索性的空间数据分析和定量的空间计量分析具有十分重要的实践意义，这对武汉市未来土地管理中的政策制定与调整，提升土地利用规划的科学性都具有一定的参考价值。

总的来说，本书试图通过理论分析和实证分析解决以下问题：

（1）界定土地非均衡发展的定义，并对其内涵进行阐述，将耕地非农化的空间非均衡发展作为土地非均衡发展的重要形式，构建土地非均衡发展的理论分析框架。以不同研究角度开展的土地非均衡发展的相关研究存在一定的分散性，有的研究侧重现象分析，有的研究侧重在土地发展权利不均等下效率和公平的探讨，也有研究侧重探讨如何解决社会决策偏好与私人决策偏好的非均衡。实际上，土地非均发展是一个系统的综合性研究课题，本研究希望整合不同研究视角下的土地非均衡发展的研究内容，对土地非均衡发展的内涵进行完善和丰富，构建一个土地非均衡发展的理论分析框架并展开实证分析，从而解决过去从单一研究视角出发所引起的研究局限性。

（2）探究土地非均衡发展的空间扩散机理。本研究以界定土地非均衡发展的定义和内涵为起点，在理论分析之后，将耕地非农化的空间非均衡发展作为土地非均衡发展的重要形式，通过数据挖掘方法对武汉市耕地非农化的空间格局和空间扩散路径进行分析，以此作为对武汉市土地非均衡发展历史格局的掌握；然后通过探索性空间数据分析对武汉市耕地非农化的趋势、变化和空间自相关进行分析，掌握了武汉市耕地非农化的热区和冷区及其变化趋势；再通过传统计量模型和空间计量模型分别对武汉市耕地非农化驱动力

---

① 数据来源于武汉市规划研究院，笔者计算。

的作用方式进行模拟，检验在耕地非农化的空间非均衡发展中驱动力的空间异质性和地块间的空间外溢效应；最后根据耕地非农化的趋势和驱动力的作用方式综合反映土地非均衡发展的空间扩散机理。

（3）根据实证结果，将耕地非农化的空间扩散机理作为决策信息，为决策者提供现有管制政策下优先和重点管制的地区，并判断是否有政策优化的需求，在介绍国外的管理经验基础上，提出我国政策优化的方向，以期解决土地非均衡发展产生的问题，引导耕地非农化健康发展。

1.3　土地非均衡发展的研究进展与评述

土地非均衡发展已经引起很多学者的关注，现有的研究成果中关于土地非均衡发展的内容包含了方方面面，不同研究视角的研究内容不同，对相关文献进行回顾和分类，不仅有利于把握土地非均衡发展相关研究的进展，同时也能发现现有研究存在的不足之处。由于本研究将耕地非农化的空间非均衡作为土地非均衡发展的重要形式，所以本节文献回顾的思路是首先从土地的空间分布非均衡、与人口经济之间的相互关系和土地发展权受限等方面回顾土地非均衡发展的研究；其次对我国农地保护与发展过程中的规律、矛盾冲突方面的研究进行陈述；然后分类总结耕地非农化过程中空间效应的相关研究成果；最后对国内外相关研究进行评述。

1.3.1　土地非均衡发展

1.3.1.1　空间分布的非均衡

在土地非均衡发展内涵下，首先需要对土地发展模式进行识别，以便掌握土地空间分布的非均衡及其变化趋势。相关研究有的关注城市扩张过程中建设用地扩张模式。匡文慧等（2005）利用遥感影像数据分析了长春市的城市土地扩张特征，认为长春市 1900～2004 年的城市演变过程中有不合理的现

象；关兴良等（2012）利用遥感数据和 GIS 技术分析了武汉城市圈三个阶段
（1980～2010 年）的城镇用地扩展时空格局，研究指出，武汉城市圈城镇用
地具有明显的空间集中性，并且与经济发展的阶段性具有明显的耦合关系。
还有的关注耕地和耕地非农化的空间分布格局及历史变化趋势。高志强等
（1998）指出我国耕地在 1985～1995 年间总量仅减少 1.70%，但耕地减少的
空间分布却不均衡，通过重心模型计算出耕地存量面积的重心在 1995 年时相
比 1985 年时向西北方向移动了 28.3377 千米；蔡玉梅等（1998）利用耕地变
化率比较分析了我国东部、中部、西部耕地变化的时空差异，并指出自然环
境的分异、社会经济间的差异、资金筹措和投资政策的倾斜是造成这种差异
的驱动力；包玉海等（1998）用统计数据逐年计算 1949～1996 年内蒙古自治
区的耕地重心及人口重心，得到了内蒙古耕地重心及人口重心均向东北方向
移动，且移动幅度为经向的 1.67° 和纬向的 1.56°，指出社会及历史原因、自然
条件、政策条件、经济利益的驱动和人口的移动是研究期耕地重心移动的驱动
力；谭永忠等（2004）通过分析 20 世纪 90 年代浙江省耕地非农化过程，认为
耕地非农化在时间上呈现出一定的波动性，在空间上表现出很强的地域性；李
景刚等（2004）利用遥感数据获取了中国北方 13 省 1980～2000 年四个时点的耕
地数据，在此基础上计算了耕地重心在研究期间向西南方向偏移，并指出地形、
交通状况、人们生活收入和农业产量对耕地空间变化的影响十分显著；关兴良
等（2010）利用 20 世纪 80 年代和 2000 年两期的土地利用数据分析了中国耕地
的空间分布及其变化，根据胡焕庸线的东南和西北国土面积与耕地面积的分布
比较，说明我国耕地资源的空间非均衡，并根据耕地资源分布状况将我国分为
五种类型区，根据耕地变化速度将我国分为七大类型区。相关研究以土地和土
地变化作为主要研究对象，采用统计数据或者遥感数据，以重心的移动来刻画
土地资源的空间非均衡分布，并通过定性分析指出造成这种变化的主要驱动因
素。虽然这类研究多是描述现象，没有深入的定量分析现象造成的原因、政策
含义和对管理的启示等，但这类对现状和趋势的研究是定量研究的重要基础。

1.3.1.2 土地—经济—人口的非均衡

在土地与经济、人口间的关系的研究方面，克拉克（Clark，1967）早在

1967 年就指出人口增长带来的主要问题不是贫困，而是在人口快速增长区的财富积累会吸引大量人口向此迁移，从而引发该地区城市范围的无节制扩散。克罗珀等（Cropper et al.，1999）以泰国为对象，研究了 1976~1989 年间道路建设和人口对森林砍伐的影响，并指出人口对森林砍伐的压力在泰国的北部地区比南部地区要严重。海姆利克等（Heimlich et al.，2001）指出，美国的土地开发主要是城镇扩张和乡村的分块开发（large-lot development）两种方式，而乡村的分块土地发展方式往往是较少的人口消耗较多的土地，联邦政府需要帮助地方政府控制和规划地区土地开发。温泽特尔等（Weinzettel et al.，2013）的研究指出，有更高人均生物承载力的国家往往能抽出更多的自然用地，而人均生物承载力需要通过减少生产的密集度或人口密度来增加。国内的学者对此也有诸多成果，黄宁生（1998，1999）以广东省为研究范围，按耕地面积的减少程度将广东省分为四类地区，并指出 1978~1996 年间固定资产投资规模是影响广东省耕地面积变化的主要宏观驱动力，而人口增长因素对耕地减少的影响较小。谢高地（1999）根据 1970~1990 年的全球数据研究分析指出，耕地、草地、森林的面积并未因为新增了 54.6% 的人口而大幅增减，反而是靠农业技术进步维持了相对稳定的关系。郭贯成（2001）通过分析 1978~1996 年江苏省 13 个市的耕地变化与经济增长的过程，指出经济增长与耕地变化存在不均衡，并根据不均衡状况分为经济增长超前于耕地减少、经济增长滞后于耕地减少和经济增长同步于耕地减少三个类型，并指出耕地减少与经济增长的关系在各市间存在空间差异。叶浩等（2007）根据统计资料分析指出，江苏省 1998~2004 年间耕地变化与经济增长二者不存在长期协整性，仅存在单向的因果关系。胡伟艳等（2009）利用中国 232 个地级及以上城市的统计数据，以 1999 年和 2005 年为截面，分析指出城市人口对农地非农化有显著的正影响，并得到人口城市化高的地区农地非农化加剧的结论。张兴榆等（2011）通过统计数据计算出 1997~2006 年江苏省的经济、三次产业、耕地、交通用地和居民点重心变化过程，并分析这些变化的关联和区别，以预测这几个指标未来的变化趋势。王海鸿等（2011）根据统计数据分析了甘肃省 1997~2006 年间的耕地变化过程及其与经济、人口间的关系，研究指出耕地变化趋势与人口变化趋势相反，而与人均 GDP、固定资产投资总额等经济指标呈 U 形相关。曲福田等（2005）通过线性模型对全国省级 1995 ~ 2001 年的统计数据进行研究，从资源禀赋、人口增长、固定资产投资、地方政府的收益及地方政府的管制应对行为、土地的市场化配置程度等自然、社会经济和政策方面进行分析，并根据这些因素对耕地的作用大小及方向提出了相应的政策建议。周京奎等（2010）基于 1999 ~ 2006 年全国 130 个大中城市的面板数据，研究分析指出，我国大城市的农地非农化主要驱动力是产业的聚集和房地产投资，而中等城市农地非农化的主要驱动力是城市非农人口的增加。相关研究多以收集整理统计资料的时间序列数据或截面数据为基础，采取相关分析、因果分析和回归分析等方法定量描述土地与经济、人口间的关系，不同的研究虽然在分析方法上类似，但得到的结果却不尽相同，这主要是由于开展研究的时间跨度、研究范围、研究尺度和研究区域所处的经济发展阶段等差异造成的。虽然这类研究的结果受到各种因素的影响而缺乏一致性与稳定性，但这又恰恰在一定程度上从实证角度确定了土地利用与经济、人口存在密不可分的关系。

1.3.1.3 土地发展权受限

各国学者对土地利用分区（zoning）制度引发的土地发展权受限有诸多研究成果。土地分区管制主要是为了保护资源型土地（如森林、湿地、优质农田等），限制高密度发展的负外部性，通过保存大块连片土地实现土地利用的聚集效应。分区管制除了会导致公共物品分配效率低下和不公平外，其最大问题是会影响受到低密度发展限制的土地所有权人的土地价值，也就是，使私人利益由于社会决策而受损。德林等（Dehring et al., 2007）就指出，限制土地开发密度后，低密度发展区的土地价值会下降。O. 滨等（Bin et al., 2009）以美国需建立河岸植被缓冲带的限制为研究对象，使用空间自回归特征价格模型进行了实证分析，其研究结果认为，虽然河滨物业保持极高的溢价，但没有证据能证明土地发展受限区域的土地价值产生了变化。还有研究认为低密度的分区限制可以通过开放空间产生正外部性或避免潜在的非农物业引发的负外部溢出而增加土地价值，如弗莱明（Fleming, 1999）使用空间统计和变异函数测量了土地利用的空间相关程度，并使用特征价格模型分析指出，由分区管制造成的开放空间和田园的保存促使新开发的土地价值得到增长。Y. P. 刘等（Liu et al.，2011）通过倾向评分匹配法（propensity score matching）和工具变量法（instrumental variable approach）对 9 个美国马里兰州东部的滨海乡村进行了实证分析，研究认为低密度的分区管制对土地价值有分化影响，即资源型的土地价值没有受到影响而非资源型的土地价值减少了 20%～50%。美国从 1926 年开始实施土地分区管制，其初始目的是控制城市无限制的增长和保留资源型土地，但事实上这种方式会产生土地资源的低效配置和外部性的问题，费希尔（Fischel，1990）就曾指出，土地分区管制在蔓延式发展上的作用大于其对农田和森林的保护作用。虽然僵硬的土地分区管制存在诸多问题，但由于土地分区管制的目标是社会整体效益最大化，所以为解决土地分区管制带来的制度外部性和土地资源配置的低效率，研究者提出了诸多解决方法，如弹性分区管制和投票式分区管制（边泰明，2002）。而自 20 世纪 80 年代在美国开始实施的土地发展权转移制度，也是为了解决土地分区管制中土地配置效率低下和私人财产权受限而兴起的。

在我国，土地发展机会的不均等在政策上主要是由土地用途管制制度和农地产权制度引发的。王万茂（1999）介绍了土地用途管制的产生、由来、基本内容和规划依据，在对土地用途管制的理性分析基础上，他指出应比较土地用途管制增加的行政成本和管制产生的效益，并认为这种制度优劣的判断标准是其对土地资源配置费用的影响。程烨（2001）从土地利用分散决策和集中决策角度分析指出土地用途管制的必要性和可行性。程久苗（2000）指出，土地用途管制制度改变了以往的"分级限额审批"制度，这是对土地供应总量控制的一种有效改革，他认为这种制度能加强对农地特别是耕地的保护，也有利于促进土地利用方式由粗放向集约转变。张全景等（2008）通过引入虚拟变量，定量分析了土地用途管制的耕地保护绩效，研究指出，中国土地用途管制制度有效降低了建设占用耕地的速度。杜业明（2004）指出，现行农村土地发展权制度不均衡是造成我国耕地面积锐减和土地利用秩序混乱的根本原因。刘国臻（2007）指出，房地产老板的暴富与农村土地发展权的缺失而引发的农地价格过低有关。张良悦（2007）指出，在征地过程中按照产值倍数法制定的补偿标准只是对农民在承包期内土地使用权收益的补偿，没有对获取这种使用权收益的资源禀赋进行补偿是造成目前土地征收过程中补偿不足的根源。刘明明（2008）认为土地发展权是土地所有权人或使用权人改变土地用途或强度的权利，并指出土地发展权应当从土地所有权中分离出来，成为具有人权属性的相对独立的财产权。穆松林等（2009）指出，应显化土地发展权在土地权利体系中的存在，发挥产权在土地利用和管理中的调控作用。作为正在实施中的土地管理制度，我国的土地用途管制制度对一些土地的发展机会进行了限制，而在目前农地发展权缺失的农地产权制度下，这种限制在农地变更过程中引发了社会收益和私人收益的巨大冲突，这种土地发展机会的不均衡是对私人财产权的损害。整体而言，国内的相关研究不够系统，基本停留在理论探讨层面，这与我国土地发展权的设立缺位有一定关系。

1.3.2　农地保护与发展

1.3.2.1　农地保护与经济发展

经济发展对农地的影响体现在两方面：一是对农地质量的影响；二是对农地数量的影响。

从对农地质量的影响看，主要体现在土壤污染和地力下降等方面，如经济发展过程中的工业污染会引发土壤污染，为提高单产而投入过多的农药和化肥会导致土壤板结和地力下降。

从对农地数量的影响看，主要体现在数量下降方面。我国的工业化和城市化自20世纪90年代进入高速发展时期后，资本、劳动力和土地要素的投入是经济增长的重要动力，农地非农化的需求急剧增加，在我国经济快速发展时期，农地非农化是不可避免的。陈利根等（2007）指出，经济发展对耕地数量变化的解释水平远远高于耕地数量变化对经济发展的解释水平，这意味着在经济发展时期协调耕地保护与经济发展矛盾的方法是提升经济发展质量和土地节约集约利用水平；李永乐等（2008）利用省际面板数据验证了耕地库兹涅茨曲线的存在，并指出，随着经济增长，耕地非农化水平存在先增后减的倒 U 形变化趋势，且在人均 GDP 达到 31468 元（1999 年为基础年）时出现拐点；刘庆等（2009）指出，我国经济发展与耕地非农化数量间存在长期均衡关系，这意味着在未来一段时间内，随着经济的发展，耕地非农化数量会持续下降；张基凯等（2010）研究了山东省 17 个地级市耕地非农化与经济增长间的关系，指出耕地非农化对经济增长的贡献率分布在 3% ~ 13% 之间，并存在显著的区域差异；许恒周等（2011）利用省际面板数据分析得到，耕地非农化和经济增长之间在短期内存在双向因果关系，而在长期内的因果关系各异。

在经济发展过程中提到的农地保护主要以数量的保护为主。由于农地具有诸如粮食安全、生态服务、社会保障、农村景观生态、提供开敞空间等多种功能，在经济发展过程中，农地非农化涉及多方利益相关者，利益也由于其多功能性分为经济利益和非经济利益，其中私人决策者也即是土地使用者偏好将农地转为利用强度和经济产出水平更高的建设用地，而公众或国家则出于对耕地正外部性的偏好而希望农地保留其原用途不发生改变。为解决这种经济发展与农地保护间的矛盾，政府往往出于整个社会决策偏好考虑，采取强制性的管制措施。接下来就我国农地非农化中政府管制行为的研究进行回顾。

1.3.2.2　农地非农化中的政府管制

基于中国人多地少的基本国情，中国诸多年份的《政府工作报告》[①] 中有都提到耕地保护和严格控制建设用地乱占耕地的行为。自 1986 年出台《中华人民共和国土地管理法》后，为保护耕地，中央政府陆续提出了基本农田保护、耕地占补平衡和土地用途管制等政策，在保护优质农田和坚守耕地总面积上做出很大努力。虽然中央政府不断强化叠加耕地保护的相关政策，但政策效果却并不显著。以 2001 ~ 2008 年《全国土地利用变更调查报告》的数据为例，表面看全国耕地减少量确实在逐年下降，但通过分析耕地减少的结

---

① 中国 1954 ~ 2013 年《政府工作报告》索引，http://www.gov.cn/test/2006 - 02/16/content_200719.htm.

构可以看出，建设用地占用耕地的面积并没有显著下降的趋势，耕地减少量的逐年下降主要原因是生态退耕面积的逐年下降。

从耕地减少的来源和数量变化看，一系列的耕地保护政策的效果十分有限，在这种背景下，20 世纪 90 年代后期，国内诸多学者对我国农地保护政策产生诸多讨论，研究认为，农地保护不是要消极地限制农地的使用，而是要通过集约利用的方式对农地进行合理利用。诸多学者探讨了我国的农地产权制度，并对耕地保护进行经济分析，研究多从耕地保护角度论述现行行政手段的不足，指出应根据市场机制运行特点进行更科学有效的耕地保护。沈守愚（1998）从农地发展权的法律、经济、文化方面分别进行阐述，指出我国设立农地发展权的必要性和重要意义，研究认为设立农地发展权能有效保护耕地。韩俊（1999）指出新中国农地制度经历了三次重大变迁，在这个过程中农业生产效率有巨大提高，但目前我国农地产权制度仍不完善，其中不够稳定的农村集体产权对防止农地抛荒、弃耕或转变土地用途有消极作用。张安录（1999，2000）指出应科学认识城市化进程中的农地城市流转现象，由于农地城市流转的动力来源于内在的自发性流转和外在的人为加速流转两方面，所以农地保护需要制度创新，而在城乡交错区设置土地发展权并允许其通过市场交易，则能在控制农地城市流转过程中兼顾公平与效率。钱忠好（2003a，2003b）指出，当土地利用的私人最优决策与社会最优决策不一致时，意味着耕地保护政策需要进行调整；目前中国正处于一个私人决策倾向于土地配置非农化发展而社会最优决策倾向于农地保护的阶段，中国正是在这种经济诱因下实施积极的农地保护政策，但各类农地保护政策并未达到预期的政策目标，这主要是由于政策的目标出现偏差以及政策执行的不完全性（如合约的不完全性和执行的不完全性）。目前，中国的农地产权制度中作为权利主体的农村集体经济组织缺乏人格化，而真正具有决策能力的农民却在权利上缺位，这不论是从产权设置角度还是经济分析角度看，都不利于农地保护政策的有效执行，政策的指向性也会由于主体的模糊而效果不彰。另外中国的农地保护政策过分强调行政手段，忽视经济激励，这也是导致政策执行过程中相关权利主体缺乏农地保护积极性的主要原因。这些因素都是造成我国农地保护政策低效的重要原因。

2000 年后，相关研究者普遍认可耕地保护的重点是通过政策和管理手段提高资源的配置效率，而非仅仅在数量上进行控制。如陈龙江等（2004）就指出，实现土地资源配置的空间均衡是解决经济发展与耕地保护二者之间矛盾的关键。诸培新等（2002）构建了耕地在农业和非农业部门间配置的最优决策模型，并在此基础上提出了耕地资源利用和保护的几点建议，如加强人们对资源总价值的认识、调整国家征地补偿价格政策、严格控制耕地的先征后开发、完善耕地产权制度和提升耕地的农业获利能力等。谭荣等（2006）衡量了我国 1989～2003 年农地非农化的空间配置效率，认为当前农地非农化的空间配置存在效率损失。相关研究均指出了我国当前农地利用制度下资源空间配置的不均衡和低效率，虽然国家在土地资源管理中一直强调严控耕地非农化、加强耕地保护，但管理方法一直以强制性的行政手段为主，这些政策看似严格，但由于执行效果的不确定性和严重的制度外部性而难以达到政策的初始目标。

1.3.2.3　农地非农化中的冲突与协调

由于现行土地管制存在耕地利用的低效性，所以有些地方政府进行了小规模的耕地利用制度改革。如让农民以土地权利参与工业化的"南海模式"（蒋省三等，2003）；基于"复垦指标交易"的重庆"地票交易"（杨继瑞等，2011）；用土地承包经营权置换社会保障的嘉兴模式（孟祥远，2012）；基于"易地代保"的浙江模式（谭峻等，2004）。张蔚文等（2011）指出，如浙江这种自发性的市场虽然可以纠正土地利用分区管制所带来的效率损失，但由于外部性并没有在这种自发市场中消失，所以这种方式并不是解决耕地保护外部性问题的出路。不过，从现有的各种地方制度创新看，各地采取了多种促进农地流转、保障农民利益的方式，这些方式或多或少都对土地资源配置的效率有所提升，也体现出现有的土地产权制度和土地管理制度对耕地资源配置优化的限制。

农地非农化与经济发展间的矛盾并不仅仅出现在我国。相对于我国在特有的土地产权制度下所做的努力，国外对于平衡二者关系制定了多种灵活的政策方案。这些方案主要有：财税政策；制定农地经营权利法（right-to-farmlaws）以保护农民在经营农牧场土地时受到不合理限制；制订发展权转移方案，采取购买发展权（purchase of development rights）和保护地役权（conservation easements）两种方式，以防止农业做非农开发；制定农用地分区管制制度来限制农地农用，包括非排他性的使用分区管制（nonexclusive use zoning）、自愿性的农业分区（voluntary agricultural districting）、排他性的使用分区管制（exclusive use zoning）和农业缓冲区（agricultural buffers）设置等方式（Nickerson et al.，2002）。

可以看出国外的相关政策中也有分区管制的做法，并且是最常用来保护农田的方法，这与我国的土地用途管制和基本农田保护对耕地农用的限制是类似的。不同的是，国外的分区管制不是单独运行，与之配套的有发展权转移制度、财税配套制度等，这些配套措施往往可以解决或部分解决由分区管制引发的外部性，以促使分区管制政策能够有效地运行。而我国的土地用途管制制度完全限制了私人的决策权和财产权，制度的外部性对私人利益的限制致使制度不能有效运行，在我国的耕地保护与非农发展的冲突中，需要能解决外部性和保障私人决策权、财产权和利益的政策与土地用途管制、基本农田保护制度配套实施，以确保政策效果。

1.3.3　耕地非农化的空间效应

1.3.3.1　空间效应

从国外的研究看，刘易斯（Lewis，2008）认为空间外部性导致土地资源配置不能达到帕累托最优，而缺乏空间差异性可能导致效率的丧失。不同区域间的土地利用会相互影响，这使其存在显著的外部效应，导致地区间的土地利用行为存在溢出效应。土地利用方式不仅受到本地经济发展方式和土地政策的影响，还会受到周边其他地区的经济发展状况和土地利用政策的影响。要估算这种影响，可通过纳入空间效应的空间计量经济模型来实现。杜宾（Dubin，1992）和A. 坎（Can，1992）是最先在 Hedonic 模型中将空间变量作为一个特征属性纳入价格估计的，在过去二十年间，空间 Hedonic 模型已经在方法上得到持续发展并被广泛应用到各个领域中。盖根等（Geoghegan et al.，1997）创建了空间索引来衡量邻域土地利用，以此来测试在住房市场中土地利用的外部性是否存在。在环境经济学中莱格特等（Leggett et al.，2000）是最先利用空间权重矩阵在空间误差 Hedonic 模型中解释自相关问题的学者之一。欧文等（Irwin et al.，2009）认为，许多空间计量经济模型的使用已经证明了使用空间数据能更好地识别明确的空间变量的直接作用和间接作用，包括空间交互作用和空间区分政策。由于土地利用的特征常用分类变量来描述，所以微观数据的土地利用和土地利用变化的模型估计通常在离散选择的框架下进行，内尔森等（Nelson et al.，1997）在一个森林采伐的离散选择模型中最先尝试控制依赖性的空间误差，他们使用空间滞后解释变量和一种空间采样策略来最小化空间误差自相关的问题。帕克等（Parker et al.，2007）研究了传统农场的空间负外部性。沙基尔等（Chakir et al.，2009）利用 MCMC 方法估计空间多项概率模型，以此来解释空间依赖性和土地利用选择的替代品之间的相互依赖关系。X. 王等（Wang et al.，2009）也运用 MC-MC 方法估计了一个动态空间序次概率模型，并发现土地利用在时间和空间上的自相关。欧文等（2002）提供了一个运用边界策略估计土地利用空间交互作用的例子，但由于未观测到的空间变量是具有正的空间相关性的，所以空间交互作用会偏向正方向，但只有效应估计值为负的，空间交互作用的效应方向才能被识别。纽伯恩等（Newburn et al.，2006）在一个土地发展的分类模型中应用 RPL 模型来核算每一个地块的异质性。卡里翁 - 弗洛里斯等（Carrión-Flores et al.，2010）在 Hedonic 模型的基础上采用 PPI（partial population identification）的方法估算土地利用的外溢效应和交互作用，用这种估算策略解决内生性问题，虽不能完全消除空间误差的自相关但却可以使其大大减少。

不同于国外学者使用较多的模型方法，我国学者较多应用空间自相关分析方法；相较于国外对于空间自相关、空间异质性和空间外部性等多面相空间效应的关注，我国学者则较多地研究空间聚集和异质性。一般研究空间聚集采取指标分析，如刘丽军等（2009）通过构建基尼系数、希尔系数、变异系数等不同指标和 Moran 指数分析，认为我国耕地非农化的区域差异较大，现阶段我国耕地非农化不存在全局收敛，主要表现为局部收敛；谢正峰等（2009）基于 Moran 指数分析指出 1994～2004 年广州市土地利用程度呈高度的全局正相关，但这种正相关程度在 1995 年后有所下降；高凯等（2010）通过构建 Moran 指数分析认为，长江流域范围内的土地利用类型在空间分布上具有明显的聚集性和区域特征。异质性多采取半方差函数和变异系数等方法。例如，王国杰等（2006）利用半方差函数基于网格数据，验证了晋江市 1989～2001 年间土地利用强度变化存在空间异质性；马劲松等（2010）利用半方差变异函数和分析维数研究分析指出，南京市江宁区和溧水县的土地利用强度存在明显的异质性；张俊峰等（2014）采取变异系数分析计算指出，武汉城市圈土地资源的质量和数量上均存在空间异质性，且异质性的程度在研究区内存在显著差异。

从国内外相关研究看，国内的研究主要是数据驱动的，即主要研究数据反映出的空间关系，这类方法多基于统计学，理论基础相对薄弱；而国外的研究则在是在空间计量模型的基础上评价土地利用的空间效应，在模型中会考虑诸如空间误差间的依赖性和内生性参数的不稳定性等问题，相对而言更严谨。土地是经济生产活动的载体，随着资本和劳动力要素流动速度的提升，土地利用的空间效应已经越来越无法忽视，土地利用的空间依赖效应和空间外溢效应的识别策略和测算等相关研究是未来土地问题研究中的重要方向。

1.3.3.2 驱动力的空间异质性

维尔得卡姆等（Veldkamp et al.，2001）指出，土地利用变化模型的研究发展是高度动态的，有四个方向是需要特别注意的：土地利用变化的驱动力模型；土地利用驱动力建模中的尺度依赖；在建模过程中对区位的预测和对土地利用变化数量的预测；土地利用变化模型中并入生物反馈作用。目前对土地利用变化驱动力的定量研究采用的方法主要分为统计分析方法和模型分析方法两种。统计分析方法主要是通过回归分析对土地利用变化的因素和驱动力进行研究（摆万奇等，2004；Lin, et al.，2011；孙平军等，2013）；模型方法由于能考虑到变化的复杂性、随机性和系统性而获得广泛的应用并有大量的实证研究成果，常见的模型有马尔可夫链模型（López et al.，2001；

Wu et al. , 2006）、系统动力学模型（摆万奇，2000）、CLUE 模型（Verburg et al. , 2002）、CA 模型（White et al. , 2012；Van et al. , 2012）和一些复合模型（Kamusoko et al. , 2009；Yang et al. , 2012）。不管是统计分析方法还是模型分析方法，驱动因素的选择是驱动力研究的基础，但是大量研究结果都表明某一区域的驱动因素在转换了研究区域之后其效果或说作用力往往变得不显著，不同区域的土地利用变化的驱动因素有较大差异，这种现象的发生除了受到尺度效应的影响外，没有考虑到驱动力的空间异质性也是造成这种问题的主要原因之一。

耕地非农化是土地利用过程中各种驱动因素综合作用的结果，现在广泛使用的统计分析和模型方法均是基于各种驱动因素的作用力在空间上是均质的这个假设，但实际情况却并非如此，在特定研究区内，耕地非农化对于同一驱动力的敏感程度在不同地理位置是不完全相同的。阿特金森等（Atkinson et al. , 2003）指出，对于一个给定的区域，一个单一的回归模型中变量的作用大小在实际中可能由于地理位置的变化而变化，这是由于变量数据是非平稳（non-stationary）的。刘旭华等（2005a，2005b）指出，耕地非农化的驱动力因素在不同区域的作用存在显著差异，可以通过分区来解决这种空间差异；柯新利等（2010）通过分区提高了元胞自动机模型的模拟和预测能力；肖思思等（2013）使用 STIRPAT 模型和 PLS 方法证明了中国耕地流转驱动因素具有省际空间差异性；曹银贵等（2008）利用二元定距变量相关性分析方法以全国 1996 ~ 2005 年的数据为基础，在 29 个耕地变化影响因子中分析识别了 14 个主要驱动因子，并指出驱动力因子存在地域性差异；苑韶峰等（2013）在 STIRPAT 模型的基础上采取地理加权回归模型，以 2003 ~ 2008 年的数据为基础，分析了耕地非农化社会经济驱动力的省域差异，这些研究在处理耕地非农化驱动力的空间异质性时，本质也是一种分区的思想。奥斯本等（Osborne et al. , 2002）认为，由于分区考虑到变量的空间异质性（非平稳），所以会提高模型的解释能力，但他指出这种局部建模方法仍过于粗略，地理加权回归模型才是解决空间异质性的最佳方法；布伦森等（Brunsdon et al. , 1996）指出简单的全局模型无法解决空间数据非平稳的问题，只有改变模型的性质才能反映出空间数据的结构，地理加权回归模型就能解决这种空间异质性问题。J. 罗等（Luo et al.，2008）指出，作为局部模型的地理加权 logistic 模型相较于作为全局模型的 logistic 模型而言，不仅有较小的残差平方和，并且还可以减少残差的空间依赖性；赛福丁等（Saefuddin et al.，2012）则通过使用残差平方和、Pearson X、AIC、BIC 和空间自回归系数等统计工具比较认为，地理加权 logistic 模型优于全局 logistic 模型，由于地理加权 logistic 模型对每个区域都做参数估计，这会使模型的拟合效果更好。纵观已有的研究成果，可以发现耕地非农化驱动力存在显著的区域差异，驱动力的空间异质性是造成驱动力模型难以获得普遍适用性的重要因素，若不考虑驱动力的空间异质性，模型的解释能力会被削弱，但在现有的耕地非农化驱动力分析中，驱动力的空间异质还未引起足够的重视和研究。

1.3.3.3　尺度问题

在地理学、生态景观学的相关研究中多利用格网数据进行分析，而在经济学、管理学中多根据行政区划数据进行分析，主要的原因在于不同视角的研究对象不同。陈江平等（2011）以全局 Moran 指数为例，采取数据模拟方法研究不同的研究尺度对研究结果的影响，研究指出，尺度的大小和划分方法均会对研究结果产生影响，但空间单元的划分方法和大小与研究结果间并不存在某种函数关系；奥维马斯等（Overmars et al.，2003）也指出，尺度的变化对空间自相关的影响具有方向的不确定性，即空间相关程度可能增强也可能减弱，不同方法的空间单元划分和空间尺度的大小是对空间数据研究结果产生不确定性的主要原因之一。

在以格网方式划分尺度的实证方面，龚建周等（2006）在对广州市土地覆被格局异质性的研究中以 125m、250m、500m 和 1000m 划分空间格网，采取多样性指数的尺度方差反映异质性，研究结果表明尺度的变化会改变尺度方差，并且这种改变并非单调变化；邱炳文等（2006）在福建省土地利用自相关分析中则采取了更大的格网尺度（以 10km × 10km 作为基本研究尺度），研究指出，自相关程度随着尺度的增加而减弱，并于 40 ~ 60km 之后空间自相关不再显著；刘吉平等（2010）在别拉洪河流域的湿地空间自相关多尺度研究中以 1km×1km、2km×2km 和 4km×4km 为尺度基础得到相反的规律,即随着研究尺度的增大湿地的空间自相关性逐渐增强;刘敏等(2012)在 0.2km×0.2km、0.4km×0.4km 和 0.6km×0.6km 的尺度基础上分析了贵阳市花溪区的土地利用变化的空间自相关,研究结果认为随着尺度变大空间自相关性逐渐下降。

在以不同行政区划尺度的实证方面,闵捷等(2008)在研究我国农地城市流转驱动机制中,分别以省级行政单元和东部、中部、西部为尺度进行分析,研究结果指出在不同尺度上对农地城市流转有作用的影响因子可能会不同,作用方向也可能不一致;周杰文等(2011)在研究中部地区经济差异过程中采取变异系数、基尼系数和锡尔指数在省、市、县三级尺度上分别进行了计算,研究显示同一指标在不同尺度上的分析结果存在很大差别。除此以外,还有大量在国家尺度(Azadi et al.,2011)、区域尺度(刘旭华等,2005a;朱会义等,2001;Jiang et al.,2013)、省级尺度(韦素琼等,2004;郭杰等,2009;文继群等,2011)和地市区尺度(余蓉蓉等,2010)上开展的耕地非农化驱动力研究。

在土地非农化研究中如何选取研究尺度主要取决于研究目的。但可以肯定的是,在不同尺度上研究耕地非农化的相关问题会得到不同的结果,不同尺度的研究结果对土地管理的政策启示也不会完全相同。

1.3.4 国内外研究评述

综上所述,国内外学者在土地非均衡发展及农地非农化方面做了大量的研究和探讨工作。其中国外的研究集中在土地用途管制对土地资源配置效率的影响和管制的公平性探讨方面,并且基于技术的支持和空间计量模型的建立与发展而开展了诸多土地利用空间效应分析的相关研究;而我国学者则立足于中国人多地少的国情,在充分认识我国特有的土地产权制度和土地管理制度基础上,以耕地保护为重要衡量指标,针对土地非均衡发展的现象、相关因素和制度影响力等相关问题开展了一系列的研究。对上述已有研究成果的归纳、梳理和评价,有利于建立完整的土地非均衡发展的研究框架。

我国正处于快速城镇化和工业化时期，这不同于已基本完成城镇化的发达国家，在土地非均衡发展过程中，耕地非农化的空间分布不均、非农化区位的分散和无序、征地补偿过低等一系列问题已经严重危及社会的稳定和可持续发展，因此耕地非均衡发展所涵盖的相关问题在过去及未来一段时间都是土地利用管理研究中一个不可忽视的热点。尽管研究的角度有所差别、不同学者的关注点也不尽相同，但其研究结论趋于一致，即：在空间分布上土地非均衡发展是客观存在的，与经济、人口间的关系受到诸多因素的影响而没有定论，但能确定土地—经济—人口间存在相互作用；从制度角度看，在我国现行农地产权制度下的土地用途管制制度制约了土地资源的有效配置；整体而言，土地非均衡发展对我国的经济运行效率、土地资源保护和社会公平及稳定产生了不可忽视的影响。纵观我国耕地保护制度的发展和变迁历程，更多的是以耕地面积作为评价耕地保护绩效的衡量标准，但随着社会经济的发展和空间观念的不断深入，这一衡量标准与当今社会发展中土地合理利用的目标间的差距日渐显现，主要体现在土地资源配置效率与发展限制间的冲突得不到有效协调，即私人决策与社会决策的非均衡。由此可见，建立土地非均衡发展的研究框架，把握耕地非农化的空间非均衡分布和变化趋势，研究耕地非农化的空间扩散过程中的规律和机理，可以为研究和解决耕地非农化过程中社会决策与私人决策的非均衡提供有效的决策信息。

在土地非均衡发展方面的研究，由于所处的社会经济发展水平、土地利用政策和自然资源禀赋等差异，国内外的学者的研究热点各有侧重。通过查阅分析国外文献可以看出，国外学者对土地非均衡发展过程中的土地资源配置、土地开发决策及土地利用空间效应对其的作用方式有大量的研究成果，不仅从技术上解决了空间计量中的诸多问题，还发展了一系列与土地管理利用有关的计量模型与动态模拟仿真模型，并在此基础上运用大量的数据进行了实证分析。与国外研究学者不同的是，我国学者在土地自然禀赋的差异性和土地与经济、人口的协同关系上有大量研究成果，土地自然禀赋的差异性研究是基础性研究，这类研究成果是我国基础性研究起步较晚造成；不同于国外的经济发展水平趋于稳定，我国的经济还处于快速发展时期，并且各个地区的发展水平与速度存在较大差异，这是我国重视土地与经济、人口的协同关系研究的主要原因。国内外的相关研究虽然热点不同，但都为土地利用向科学管理和理性发展转变作出了重要贡献。但是，从上述研究成果的总结分析中可以发现，仍有以下几个方面有待进一步讨论。

第一是科学合理的土地利用准则。以土地资源保护为导向的准则是农田、湿地、森林等非建设用地尽可能多的保留，以经济产出效益为导向的准则是让土地在开发预期收益最大化时进行开发。但实际上，土地开发利用过程中数量和开发时机固然重要，但随着交通的不断发展和城市土地利用对非建设用地的空间溢出效应，土地利用的区位管理成为越来越需要关注的问题。诸多的土地变化模拟预测模型多以过往的土地发展为预测基础，往往忽视分析政策和社会经济因素的作用大小和方式，这样虽然对土地发展区位进行了预测，但是其研究结果对于土地管理和调控的政策意义受到很大的限制。而在土地覆被变化驱动力的模型中以自然驱动力为主，在土地变化社会经济驱动力的计量模型中又往往对地块自身特征的驱动作用分析不足。土地利用受到资源禀赋、经济发展水平和速度以及人口流动政策的影响非常大，这些因素在土地利用变更驱动力中的作用同等重要，这些因素对土地非均衡发展的影响方式和大小的研究需要我们进一步完善。

第二是传统计量模型的假设。在传统计量模型中，土地往往被假设为均质的，但在现实中完全同质的地块几乎是不存在的，土地不仅在自然资源禀赋方面存在显著差异，在经济条件、环境设施条件、交通可及性、政策限制等各方面也存在显著差异，因此在均质假设下建立的土地驱动力分析模型显然与现实存在差距，这种差距可能在政策启示上带来一定偏误，所以从这个角度看，建立一个以土地异质性为假设前提的土地利用驱动力模型，进而分析土地的空间扩散机制，是需要进一步深入研究的内容。

第三是土地非均衡发展的实证研究尺度。在过去的研究中，传统经济学和区域经济学偏好使用社会统计数据对土地用途变更过程进行建模分析，这使他们的研究大多在较大尺度上开展，如国家、省、市或县级；地理学和生态学则喜欢利用遥感数据这类大信息量数据进行分析模拟，这使他们的研究偏好在更大尺度如全球或较小尺度如地块上开展。不同研究视角的研究数据来源在一定限度内限制了他们的研究。如利用统计数据则很难在微观尺度如乡镇、地块上开展实证研究；而利用遥感数据则在微观尺度上配套的经济、人口数据的获取上存在难度，同时微观尺度意味着海量数据，这类海量数据的处理也有相当大的难度。同时，不可否认的是土地利用的微观决策者实际是个人、家庭和企业等，所以在小尺度上的多因素建模分析显然是更符合管理决策的需求。

从我国的研究成果看，我国学者对于土地非均衡发展过程中的空间效应分析较少，在小尺度上考虑空间异质性的土地驱动力建模实证也在起步阶段，对于土地非均衡发展的政策层面上的研究由于受到现行土地管理制度和产权制度的限制，相关研究也有待进一步深入。从总体上看，我国土地非均衡发展的相关研究缺乏系统的理论支撑和成熟的研究框架，研究内容相对分散和零散。因此，如何在考虑土地利用空间效应的基础上，将资源的自身禀赋、经济、人口、政策等各种要素一并纳入土地非均衡发展机制的研究中，并从微观尺度上进行建模和实证分析，提出兼顾公平和效率的土地管理策略，是一个具有重要理论和现实意义的议题。

1.4　研究内容及方法

1.4.1　研究内容

本书的第1章为绪论，主要是阐述本书的选题背景，在对土地非均衡发展的内涵进行界定后，指出耕地非农化的空间非均衡发展是土地非均衡发展的重要形式，并以此为本书的主要研究对象。在介绍研究的思路、方法和框架后，对土地非均衡发展的相关研究进行了回顾和评述，指出了现有研究存在的不足。

第2章建立了耕地非农化空间非均衡发展的理论分析框架。在理论上对各个研究视角下土地非均衡研究的侧重点进行协调统一，并对各个视角的研究内容进行细化分析，将相对分散的研究通过非均衡发展的内涵进行统一和条理化，形成后文实证分析的逻辑思路。

第 3 章介绍了本书的研究区域，阐述了武汉市作为研究区域的典型性和代表性，并对武汉市的自然、社会经济和城乡发展建设情况进行了说明。本章还对实证数据的来源、数据的类型、格式以及处理方法进行了说明。

第 4 章是土地非均衡发展的现状分析。本章在五个时期时间跨度二十余年的武汉市土地利用数据基础上，利用 ArcGIS 的空间统计和空间分析功能，拟合出武汉市耕地非农化的空间洛仑兹曲线，并制作了基于耕地非农化速度分级的重心曲线，结合统计数据分析耕地非农化扩散路径及其与经济、人口重心曲线变化的相关关系，刻画了武汉市土地非均衡发展的空间格局和空间扩散路径。

第 5 章是耕地非农化的空间自相关分析。本章以五年为一个时间间隔，计算了武汉市 1990 ~ 2011 年间四个时间段基于乡镇级别的耕地非农化的全域自相关和局部自相关，并测算出每个时期的耕地非农化的热区和冷区，通过比较分析热区和冷区的历史变化情况对武汉市耕地非农化的空间自相关格局做出趋势判断，并通过研究结果判定在土地非均衡发展过程中应优先进行土地管制的重点区域。

第 6 章是耕地非农化驱动力的空间异质性分析。本章基于武汉市 2000 ~ 2011 年耕地非农化地块的微观数据，首先利用 logistic 回归模型对武汉市耕地非农化的驱动力进行筛选和判定，并验证驱动力的空间外溢效果。然后利用地理加权 logistic 回归模型验证耕地非农化驱动力存在空间异质性，通过地理加权 logistic 回归模型的估计结果绘制驱动力的空间异质性的空间分布图。本章证明，考虑到空间外溢效果和空间异质性的地理加权 logistic 回归模型，由于其假设更符合实际情况，因此比 logistic 回归模型具有更好的模拟和预测效果。

第 7 章是根据第 4 ~ 6 章的实证分析结果提出的政策优化建议。本章按照第 2 章的理论分析框架的逻辑思路，首先在土地发展权不受限制的前提下对武汉市的耕地开发优先次序进行模拟，并通过直观的区位冲突反映出耕地保护过程中社会决策偏好与私人决策偏好的不一致，并通过决策偏好的不均衡分析提出政策优化的需求。在介绍了国外土地发展权制度的做法和成效后，根据武汉市的实证分析结果，对构建武汉市耕地发展权制度做出设想，试图提出新政策以协调耕地保护和非农化发展中社会利益与私人利益的冲突。

第8章是对土地非均衡利用及其空间扩散机制研究的总结和讨论。本章首先对全书各章节的研究成果作了综合性说明，之后对研究的不足之处进行了讨论，并对本研究进一步开展的问题做出了展望。

1.4.2　研究思路及技术路线

随着人口的增加和人类活动范围的不断扩张，耕地非农化的范围越来越广，数量也不断增加。随着我国社会经济的快速发展，耕地非农化面临的首要问题是如何解决耕地资源保护与发展间的矛盾，如何优化各类土地的空间格局，本书就是以此为出发点开展研究的。

本书首先介绍土地非均衡发展的定义和内涵，分析我国土地非均衡发展的现状和对经济、环境等造成的各类冲击，阐述土地非均衡发展的利弊。然后研究土地非均衡发展的空间扩散机制，通过实证分析武汉市土地非均衡发展的空间格局，刻画武汉市土地非均衡发展的扩散路径，并与经济和人口移动路径作了相关分析；通过分析武汉市耕地非农化的全局空间自相关和局部空间自相关，找出武汉市耕地非农化的热区和冷区，比较不同时期热区和冷区的变化，对武汉市耕地非农化的趋势做出判断；通过比较 logistic 模型和地理加权 logistic 模型的参数估计结果和模型的模拟效果，验证了耕地非农化驱动力存在空间依赖性和空间异质性，并测算出耕地非农化驱动力的空间异质性作用强度的空间分布。最后通过实证分析的结果模拟测算出在不受限制的情况下武汉市耕地非农化的优先次序，比较分析土地发展受限对耕地非农化区位自然选择结果的影响，进而对土地非均衡发展提出政策优化方向，并提供国外的相关做法作为参考和借鉴。基于以上分析，具体的研究框架见图 1.1。

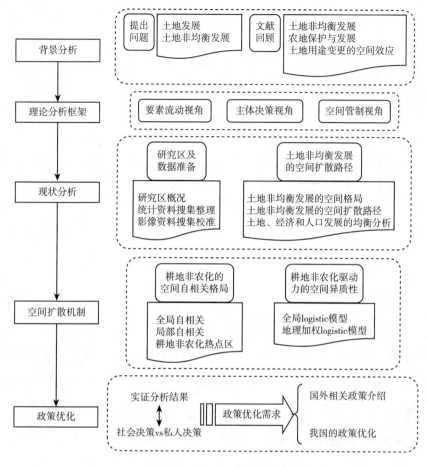

图 1.1　本书研究框架

1.4.3　研究方法

本研究是在多种研究方法综合应用下进行的。定性分析主要用于研究背景和理论分析中；探索性分析法主要用于研究武汉市土地非均衡发展的空间格局和空间路径分析，以及武汉市耕地非农化的空间自相关分析；定量分析主要用于武汉市耕地非农化驱动力的空间异质性分析；比较分析主要用于提出土地管理的优化政策，而文献回顾法则贯穿于全文，从问题的提出到研究的开展，都有相关文献作为支撑。具体分析如下：

1.4.3.1 文献回顾法

土地非均衡发展这个研究问题的产生，就是利用了文献回顾法，由过去的土地非均衡发展在不同研究内容中的研究成果，对土地非均衡发展这一问题加以分析归纳，通过回顾土地非均衡发展的相关文献确定了土地非均衡发展的必然性和土地利用达到相对均衡状态的阶段性。本书选择耕地非农化的差异性作为土地非均衡发展的重要形式，并将本书定位在研究其空间变化机理这个论题上。在研究耕地非农化的空间扩散机理上，通过回顾耕地保护的相关文献确定了耕地保护的必要性和耕地非农化的必然性，借由文献查阅借鉴他国的土地利用经验，进而试图以兼顾的角度寻求更好的土地利用和土地管理政策。

1.4.3.2 定性分析法

本书运用定性分析方法对研究对象——土地非均衡发展进行界定，描述了本书所指的土地非均衡发展的研究内容与以往不同研究视角下所研究内容的差异，系统完善地提出了土地非均衡发展的内涵，界定了土地非均衡发展的研究范围。

1.4.3.3 探索性分析法

本书的探索性分析方法主要用于分析空间数据。本书通过探索性分析方法，利用 ArcGIS 和 Goeda 分析了不同年份的耕地非农化在乡镇级别上的空间分布、全局趋势和局部变化情况，并分析了耕地非农化的全局自相关和局部自相关，通过局部自相关找到耕地非农化的热区和冷区，并观察热区和冷区的历史变化路径。本书通过探索性分析对基础数据作了更深入的分析。

1.4.3.4 定量分析法

对搜集整理的数据根据研究目标进行计量分析。本书建立了传统 logistic 模型和地理加权 logistic 模型，分别估算模型参数，并结合模型检验结果证实了耕地非农化过程中存在空间异质性和空间依赖性。本书还根据地理加权 logistic 模型的参数估计结果计算出了耕地非农化驱动力对耕地非农化作用强度的空间分布，并根据计算结果实现了可视化。

1.4.3.5　比较分析法

本书的比较分析法主要是用于提出政策优化。在实证研究之后，本书根据耕地非农化的规划指标对武汉市 2012～2020 年耕地非农化的先后次序进行了模拟定位，但由于基本农田政策的存在，属于耕地非农化优先次序的基本农田不能随意转换，那么处于基本农田规划区内应予优先非农化的耕地实际上却受到政策限制只能继续用作耕地，这是效率和公平的双重损失。本书通过模拟出在不存在基本农田保护政策下需要优先非农化耕地中基本农田的数量和区位，提出政策优化的必要性和方向。

1.5　研究可能的创新之处

本书可能的创新主要有以下三点：

第一是将耕地非农化的差异性作为土地非均衡发展的重要形式，建立了耕地非农化空间非均衡发展的空间扩散过程、机理和规律的理论分析框架。土地非均衡发展并未系统地出现在土地管理学的研究中，而是在不同研究视角中分别有所涉及；从不同的视角看，其具有不同的内涵，不同角度下的研究方向也各有侧重。土地问题是一个系统问题，本研究试图以综合视角看待土地非均衡发展，将耕地非农化的空间非均衡和空间扩散机制作为可供参考的决策信息，并在此基础上判断社会决策偏好下制定的管制政策是否有效，以及社会决策偏好与私人决策偏好的差异是否产生政策优化的需求，然后制定政策引导来解决社会决策偏好与私人决策偏好间的非均衡，并对私人决策者在耕地非农化过程中的行为进行影响和约束。构建这样一个统一的多视角的理论分析框架对全面系统地开展土地非均衡发展的研究有一定的理论意义。

第二是探索性地从小尺度空间分析土地非均衡发展的动态过程。土地资源的自然属性本就存在差异性；在人类进一步开发利用土地进行生产生活时，土地的社会经济属性会扩大自然属性的差异，这说明不管是在农业生产、工业生产或是商住中，土地都具有绝对的异质性。在以往的研究中，土地问题的实证研究较多的在市级以上的尺度开展，如全国尺度、区域尺度、省级尺度等，而从乡镇尺度、村尺度甚至是地块尺度开展的实证研究则是少之又少。这一方面是由于数据采集的困难，另一方面受到技术的限制。在土地利用决策中，大尺度的研究由于很难反映私人决策者的行为而多为社会决策分析所用，实际上私人决策偏好往往更直接地作用于耕地非农化，而私人决策的尺度较小，如农户的决策单元为地块。近二十年来制约土地实证研究往更小微尺度发展的条件得到长足的发展，故而本书的实证研究选择在乡镇尺度和地块尺度上进行，试图通过这种小微尺度的研究探索性地分析土地非均衡发展的动态过程，完善土地问题中的多尺度研究成果。

第三是应用全局 logistic 模型和地理加权 logistic 模型，定量分析了耕地非农化驱动力的空间非均衡性、相邻地块间的空间外溢效应及耕地非农化的变化趋势。土地利用很大程度受到空间要素的影响，在传统的土地利用相关问题的实证研究中，受到空间数据采集困难的限制而多采用社会经济等统计数据，这使地块的区位作用难以显现，但是随着空间影像数据的出现、3S 技术的发展和计算机处理能力的提升，空间计量经济理论和方法的研究得到突飞猛进的发展。本书在全局 logistic 模型的基础上，考虑到耕地资源属性差异引起的空间异质性，应用地理加权 logistic 模型探究耕地非农化的空间非均衡发展的规律和机理，研究证明了土地利用过程中相邻地块间存在空间外溢效应，并通过验证全局 logistic 模型同质性假说的局限性，用地理加权 logistic 模型解决耕地非农化驱动力的空间异质性，这是一种方法上的改进和创新。通过这种改进使研究结果更接近真实世界，从而对土地利用的差异化管理政策提供技术支撑。

2 耕地非农化的空间非均衡发展理论分析

本章在第 1 章对土地非均衡发展的研究内涵探讨的基础上，结合相关研究的回顾和评述，进一步解释了如何应用土地非均衡发展的内涵构建耕地非农化空间非均衡发展研究的框架，从理论上协调各个视角下对于耕地非农化的非均衡发展研究的差异，并指导如何利用实证分析结果判断和解决耕地非农化的空间非均衡发展过程中产生的问题。本章首先建立了耕地非农化空间非均衡发展的理论分析框架，其次细化了总体研究框架中各个视角下的土地非均衡研究内容，最后在分析不同视角下的研究差异后，用非均衡发展的内涵协调统一了各研究视角的差异，为后文提供了实证分析的逻辑思路。

2.1 耕地非农化的空间非均衡研究的理论分析框架

作为社会经济发展和人类活动的空间载体，耕地非农化的发展与保护二者间的平衡历来颇受重视。在经济发展的起步阶段，非农化的耕地作为城市经济发展的投入要素，由于其位置的固定性与数量的有限，耕地非农化对经济增长起到了资本、劳动力和技术等要素无可替代的作用。但从现有的研究文献看，耕地非农化空间非均衡的相关研究处于比较分散的状态。一方面是由于没有形成系统的分析框架对现有的研究进行梳理，研究的理论分析与实证模型间的联系不够明晰；另一方面，耕地非农化的空间非均衡发展作为应用型研究，基于不同研究目的和研究方法，使研究的方向和结果趋于混杂。在耕地非农化的空间非均衡研究中，如何梳理、建立不同研究视角下的理论分析与实证模型间的逻辑关联，同时应用不同的研究方法共同研究耕地非农化的空间非均衡发展，是本研究应该首先解决的问题。所以本节建立的理论分析框架主要是梳理现有的研究脉络，使不同研究目的下的研究内容能有机结合起来，通过建立的逻辑关系补充与促进相关研究的开展，为进一步开展耕地非农化的空间非均衡的实证分析奠定基础。

第1章中对土地非均衡发展的内涵和定义的讨论，为建立耕地非农化的空间非均衡发展的框架提供了清晰的思路。首先需要在一定的范围内对耕地非农化的空间非均衡发展及其扩散路径进行分析，这是对耕地非农化的过去与现状事实的分析与把握；其次耕地非农化的空间自相关分析的结果能判断现有的管制手段下需要优化和重点管制的区位在哪里，但也随之产生在社会决策偏好下制定的强制性管制是否有效的疑问，因为耕地非农化的空间非均衡发展是由诸多驱动力共同影响形成的；接下来的耕地非农化的空间扩散规律研究中可以回答政策管制是否有效，政策管制若无效或低效则产生了社会决策者对制度优化的需求，制度优化的方向就是通过政策引导私人决策者在政策管制的约束下调整偏好，以缩小社会决策偏好与私人决策偏好间的差异。最后在政策引导与政策管制的共同作用下，社会决策者制定的管制政策对私人决策者的耕地非农化行为产生新的影响和约束。可以看出这是一个循环的系统，同时这个系统还兼顾了不同的研究视角，串联了主体决策、空间管制与要素流动这几个研究视角下的相关研究内容，以指导解决耕地非农化的空间非均衡发展的问题。在理解了土地非均衡发展的内涵和上述分析框架的思路后，对于图2.1所示的耕地非农化空间非均衡发展的理论分析框架也就很容易理解了。

该研究框架以耕地非农化的决策为主线，将耕地非农化的空间非均衡发展中的私人决策结果与社会决策结果分列为上下两个部分。耕地非农化的空间扩散路径、空间自相关和异质性是私人决策的范畴，属于微观层面上要素流动的分析内容；政策引导和政策管制都是社会决策的范畴，属于宏观层面空间管制的分析内容。这两个部分各自是一个循环，共同为耕地非农化的决

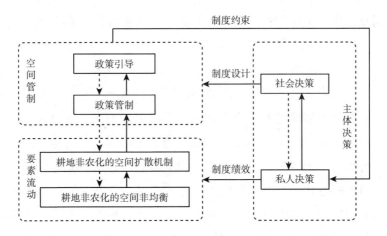

图 2.1 耕地非农化的空间非均衡发展的理论分析框架

注：笔者自绘。

策服务。制度设计、约束和绩效又将私人决策与社会决策两个研究内容融合在一起，形成符合本书土地非均衡发展内涵的分析框架。

从要素流动研究视角看，研究者通过对搜集到的历史累积数据进行挖掘、分析和计算，得出耕地非农化的空间扩散规律和机理，这是私人决策的结果，并为社会决策提供参考。

从空间管制的研究视角看，社会决策者根据其决策偏好对耕地非农化中的保护和利用制定管制政策，管制政策对私人决策者的耕地非农行为进行影响和约束，形成耕地非农化的空间非均衡。

从主体决策视角看，社会决策偏好与私人决策偏好的差异化造成管制政策的无效或低效，也在此基础上提出社会决策者和私人决策者双方对引导性政策的需求。

私人决策者会根据其偏好进行耕地非农化决策，但当私人决策的结果偏离了社会决策偏好，社会决策者首先会进行政策管制作为反馈，促进私人决策结果符合社会决策偏好。当然，私人决策者会根据社会决策者提出的管制政策对自身行为进行调整，但当遵守管制政策的成本大于违规成本，也即私人决策偏好下的私人收益大于社会决策偏好下的私人收益与违规处罚之和时，管制不再有效，社会决策者需将管制政策改进为引导性政策，制度改进的目的是减弱私人决策偏好与社会决策偏好间的不均衡程度。在引导性政策的制度设计过程中，社会决策者需要考虑其可行性与政策约束力，当引导性政策形成后，会对私人决策行为产生影响，从而影响耕地非农化的空间扩散机制，新的空间扩散机制下需要重新判断管制政策是否有效，是否需要根据私人决策偏好和社会决策偏好的差异提出新的引导政策。可以发现，在这个不断循环的过程中，不仅研究了耕地非农化的空间扩散机制，同时也在理论上厘清了不同研究视角下土地非均衡发展研究间的联系与逻辑关系。要素流动视角的研究是对不断变化的信息进行挖掘和探索性的分析，并在此基础上进行定量的空间效应研究，可以对私人决策者的行为进行把握并为社会决策者提供有利于进行决策的信息；空间管制视角下的研究是对社会决策偏好与私人决策偏好间的不均衡进行削弱；主体决策视角下的研究将微观上要素流动和宏观上空间政策管理的研究进行了串联，解释了耕地非农化的空间非均衡发展的根本原因，为其向相对均衡发展状态的移动提供改善路径。三者间相互补充和促进的关系构建了耕地非农化的空间非均衡发展的总体分析框架，本章接下来会按照这个总体框架的逻辑，分别从空间管制、主体决策和要素流动的研究视角进行分析，为接下来耕地非农化的空间非均衡发展的实证研究服务。

2.2 要素流动视角：耕地非农化的区位选择与空间效应

2.2.1 要素流动视角下的研究逻辑与框架细分

在要素流动视角下的分析主要利用地理学的研究方法和研究思路。地理学是研究地球表面自然要素与人文要素相互作用及其空间差异与变化过程的学科。德国地理学家李特尔（Ritter，1779～1859）认为地理学是一门经验科学，但随着学科的发展，地理学研究中定量分析的需求使数学方法中的模型建立逐步变为地理学的主要研究方法之一。地理学中归纳、演绎和数学模型是进行耕地非农化的空间非均衡发展研究分析框架的主要方法。简言之，在基于地理学研究方法的要素流动研究视角下，有两个问题需要解决，一个是通过归纳、演绎对一个研究区内土地非均衡发展的历程和现状进行把握，另一个是通过建立数学模型研究分析耕地非农化的空间扩散规律和机理。耕地非农化的空间扩散机制是在私人决策偏好下对掌握的信息通过数学模型测算分析得到的，在信息准确的基础上其对空间扩散规律和机理的判断也是准确的。基于地理学研究方法的耕地非农化的空间非均衡研究是对现象的总结和分析，为私人决策者和社会决策者提供信息，但研究本身并不评价这种非均衡发展的优劣。逻辑上讲，私人决策者决策行为的结果构成了一定范围内耕地非农化的空间非均衡发展的现象，进一步，耕地非农化的空间扩散机制又为社会决策者的决策行为提供参考信息。在这个思路下，基于地理学研究方法的耕地非农化空间非均衡发展的分析逻辑如图 2.2 所示。

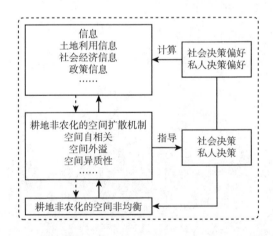

图 2.2　基于地理学研究方法的耕地非农化的非均衡分析框架

注：笔者自绘。

地理学常用归纳、演绎和数学模型等方法对地理现象间的因果关系进行解释，分析他们之间的空间分布规律和机理。虽然地理学揭示的是自然现象存在和变化的关系，但最终关注的是自然规律与人的关系。所以，接下来介绍两点：第一，耕地非农化过程中的区位选择，这是私人决策者根据其掌握的信息在其决策偏好下进行耕地非农化行为的结果。第二，耕地非农化过程中的空间效应，包括相邻地块间的空间交互作用（如空间自相关和空间外溢效应）和地块用途变更驱动力的空间异质性，地块尺度上耕地非农化的驱动力本质就是包含私人决策偏好的向量，这可以解释私人决策者如何根据其掌握的信息进行决策。

2.2.2　耕地非农化的区位选择

在耕地非农化过程中，土地用途改变的本质是农业用地与非农建设用地的比较收益，如图2.3所示，$p_c(t)$ 是城市建设用地的竞价曲线，$p_{ag}(t)$ 则是农业竞价曲线，$p_c(t)$ 与 $p_{ag}(t)$ 相交于 X，X 的横坐标为 t_1。当离中心城市的距离 $t>t_1$ 时，农业用地的竞租大于非农建设用地的，私人决策者会将土地用于农业经营以获取更多收益；当 $t<t_1$ 时，非农建设用地的竞租会高于农业的，私人决策者会将土地会用于非农经营。

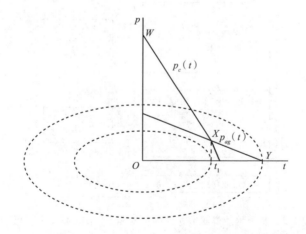

图2.3　同一市场土地两种用途的竞租曲线

注：笔者自绘。

图2.3实际上反映了城市各个位置上农业用地与非农建设用地两种互相竞争的土地用途产生最高土地收益的曲线是 WXY。按照这一曲线，理性的土地开发者会根据开发收益进行开发选址。非农建设用地处于城市中心地段，

而农业用地则分布在城市外围,这样的用地结构才能使城市土地的配置达到最优。

城市土地的最优配置随着人口、资金等要素的流动而动态变化,城市土地用途变更就是人口、资金流动过程中不同用途的土地竞争结果的体现,私人决策者在进行耕地非农化决策过程中会找到一个区位 t,该区位 t 的竞价 p 使个人效用 u^* 最大化。当个人效用最大化的区位确定后,若研究区内要素价格、数量等其他条件不变,则可以根据区位和竞价曲线推算城市非农建设用地的最优土地数量,实际上也就是非农化建设用地与农业用地在效用最大化时的分界点,具体见图2.4。

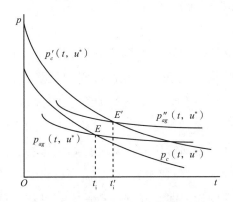

图 2.4   竞租曲线的移动

注:笔者自绘。

在初始状态下,建设用地的竞租曲线 $p_c(t, u^*)$ 与农业用地的竞租曲线 $p_{ag}(t, u^*)$ 相交于 E 点,对应区位 t_i。当离中央商务区(central business district,CBD)的距离小于 t_i 时,土地作为建设用地能获取更大的效益,当距离大于 t_i 时,土地作为农业用地能获取更大的效益,也即 t_i 是建设用地与农用地的分界点。假设其他条件不变,当人口与要素流动更加频繁、经济活动更加活跃时,建设用地的需求量会增加,使建设用地的竞租曲线上升,t_i 向外推移,农业用地的需求量减少,使农用地的竞租曲线向右上方移动,直至在 E' 达到新的均衡状态。从图2.4可以看出,建设用地扩张是一种建设用地依序从中心向外围占用农用地的过程。但土地市场并不是完全竞争市场，土地也并非同质性的，而且在实际用地过程中外部性也会对土地使用决策产生影响，所以农用地转为非农建设用地不会完全理想地按照这种模式进行，建设用地扩张可能呈现蔓延发展。农用地转为非农建设用地本质上是土地两种用途的竞租结果，是私人决策者根据自身效用最大化原则做出的土地利用变更决策。

对于耕地非农化的区位分析，不同于经济学中的分析供求关系和计算生产函数模型，在要素流动的研究视角下，更多的是关注私人决策下耕地非农化区位的空间分布情况和不同时期空间分布变化的规律。

2.2.3　耕地非农化过程中的空间效应

传统的统计理论是一种建立在独立观测值假定基础上的理论。但在许多经济过程中距离的重要性表明了经济要素和经济结果的空间分布并不相互独立，费希尔等（1997）认为独立观测值在现实生活中并不是普遍存在的。对于具有地理空间属性的数据，一般认为空间上离得近的变量比在空间上离得远的变量具有更加密切的关系。正如托布勒（Tobler，1970）提出的地理学第一定律所说："任何事物都相关，只是相近的事物关联更紧密。"地区之间的经济地理行为之间一般都存在一定程度的空间交互作用（spatial interaction effects）。安瑟兰等（Anselin et al.，1992）认为分析中涉及的空间单元越小，离得近的单元越有可能在空间上密切关联。安瑟兰（1988）指出，在经济研究中出现不恰当的模型识别和设定所忽略的空间效应主要有两个来源：空间依赖性（spatial dependence）和空间异质性（spatial heterogeneity）。

空间依赖性是空间效应识别的第一个来源，它产生于空间组织观测单元之间缺乏依赖性的考察（Cliff et al.，1973）。安瑟兰等（1991）区别了真实（substantial）空间依赖性和干扰（nuisance）空间依赖性的不同。真实空间依赖性反映现实中存在的空间交互作用，比如区域经济要素的流动、创新的扩散、技术溢出等，它们是区域间经济或创新差异演变过程中的真实成分，是确确实实存在的空间交互影响。干扰空间依赖性可能来源于测量误差，测量误差是由于在调查过程中，数据的采集与空间中的单位有关，如数据一般是按照省市县等行政区划统计的，这种假设的空间单位与研究问题的实际边界可能不一致，这样就很容易产生测量误差。空间依赖不仅意味着空间上的观测值缺乏独立性，而且意味着潜在于这种空间相关中的数据结构，也就是说空间相关的强度及模式由绝对位置（格局）和相对位置（距离）共同决定。对于空间依赖的分析，除了探索性的空间自相关方法外，安瑟兰（1988）提出空间相关性表现出的空间效应可以用以下两种模型来表征和刻画：当模型的误差项在空间上相关时，即为空间误差模型（spatial error model，SEM）；当变量间的空间依赖性对模型显得非常关键而导致了空间相关时，即为空间滞后模型（spatial lag model，SLM），由于SLM 与时间序列中自回归模型相类似，因此 SLM 也被称作空间自回归模型（spatial auto regressive model，SAR）。在进行这类分析的时候，一般首先检验因变量之间是否存在空间自相关；如果存在空间自相关，则在此基础上建立空间计量经济模型（Anselin，2003）。空间异质性，是空间计量学模型识别的第二个来源。空间异质性指地理空间上的区域缺乏均质性，存在中心（核心）和外围（边缘）地区等经济地理结构，从而导致经济社会发展和创新行为存在较大的空间上的差异性。空间异质性反映了经济实践中的空间观测单元之间经济行为（如增长或创新）关系的一种普遍存在的不稳定性。对于空间异质性，只要将空间单元的特性考虑进去，大多可以用经典的计量经济学方法进行估计。但是当空间异质性与空间相关性同时存在时，经典的计量经济学估计方法不再有效，而且在这种情况下，问题变得异常复杂，区分空间异质性与空间相关性比较困难。空间变系数的地理加权回归模型（GWR）是处理空间异质性的一种良好的估计方法。

从上述分析中也可知，我们可以将驱动力向量看作是私人决策者的决策偏好，那么研究耕地非农化的空间自相关和驱动力的异质性就是在土地利用信息、社会经济信息和政策信息下对私人决策行为的一种分析和计算，并在此基础上指导社会决策者根据其偏好制定管制政策来约束私人决策者。

2.3 主体决策视角：耕地非农化中的社会
决策与私人决策

2.3.1 主体决策视角下的研究逻辑与框架细分

运用决策科学的方法解释社会决策与私人决策的问题是管理学中重要的研究议题。分析耕地非农化过程中社会决策偏好与私人决策偏好间的非均衡，实现由非均衡向均衡的转变，是主体决策视角下耕地非农化的空间非均衡发展的研究思路。具体而言，土地非均衡发展指的是社会决策与私人决策间的差异，本质上耕地非农化的社会决策本源于个人，但社会决策却无法取代私人决策，主要原因有两点：一是社会决策者无法完全了解个人决策过程中其对信息和知识的掌握程度及偏好；二是完全无约束的个体理性决策所组成的社会决策未必能实现社会福利最大化，比如著名的囚徒困境，所以社会决策下通常会以某种方式对私人决策进行一定的限制，从而导致个人偏好很难得到充分的体现和满足。这两点也是社会决策与私人决策产生差异的原因，出于社会整体福利的考虑，社会决策偏好与私人决策偏好间的差异是绝对的而均衡是相对的。在耕地非农化过程中社会决策者通过制度安排来体现社会偏好和约束个人偏好，从这种意义上讲制度安排可以说是一种保持社会决策与私人决策相对均衡的理性选择。但在实践过程中，我们需要根据计算和分析得到的决策信息判断现有的制度安排是否能有效地维持这种均衡；如果不能，说明社会决策与私人决策已经偏离相对均衡的状态，由此产生对新制度的需求，以促使社会决策与私人决策从非均衡状态再次转向相对均衡状态。逻辑上讲，我们可以通过分析和计算个人决策行为来为社会决策者提供决策信息，社会决策者由此判断初始的制度安排是否有效，是否需要设计新的制度安排约束私人决策者的行为，依照这个思路，主体决策视角下耕地非农化的空间非均衡分析的逻辑如图 2.5 所示。

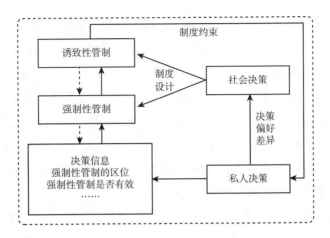

图 2.5 主体决策视角的耕地非农化的非均衡分析框架

注：笔者自绘。

接下来，本书将从耕地非农化中社会决策偏好与私人决策偏好的差异出发，分析产生这种差异的原因，并对当前的相关政策进行检视，提出促使社会决策与私人决策从非均衡转为相对均衡的路径。

2.3.2 耕地非农化中的社会决策与私人决策

在耕地非农化的私人决策中，由于决策者对于其决策的成本和收益比较明确，决策成本和执行成本都相对较低；但在公共决策中，由于涉及多方参与者，各自的成本和收益的计算比较复杂并具有不确定性，决策的制定成本、监督成本和执行成本均很高。

2.3.2.1 耕地非农化的国家垄断与政府管制

基于我国人多地少的基本国情，《中华人民共和国土地管理法》（以下简称《土地管理法》）将"十分珍惜、合理利用土地和切实保护耕地"作为我国的基本国策，经过近二十年的发展，耕地保护的制度安排主要有以下几个方面：

（1）土地用途管制。《土地管理法》第四条规定，我国实行土地用途管制制度，国家编制土地利用总体规划，规定土地用途，将土地分为农用地、建设用地和未利用地。严格限制农用地转为建设用地，控制建设用地总量，对耕地实行特殊保护。

（2）耕地总量动态平衡。《土地管理法》第三十一条规定，非农业建设经批准占用耕地，按照"占多少、垦多少"的原则，由占用耕地的单位负责开垦与所占用耕地的数量和质量相当的耕地；第三十三条规定，省、自治区、直辖市人民政府应当严格执行土地利用总体规划和年度土地利用计划，采取措施，确保本行政区域内耕地总量不减少。

（3）基本农田保护。《土地管理法》第三十四条规定国家实行基本农田保护制度。基本农田保护制度包括基本农田保护责任制度、基本农田保护区用途管制制度、占用基本农田严格审批与占补平衡制度、基本农田质量保护制度、基本农田环境保护制度、基本农田保护监督检查制度等。

（4）农用地转用审批制度。《土地管理法》第四十四条规定，建设占用土地涉及农用地转为建设用地的，应当办理农用地转用审批手续。

（5）土地征收和有偿使用制度。《土地管理法》第二条规定，国家为了公共利益的需要，可以依法对土地实行征收或者征用并给予补偿。《土地管理法》第四十七条规定，征收土地的，按照被征收土地的原用途给予补偿。征收耕地的补偿费用包括土地补偿费、安置补助费以及地上附着物和青苗的补偿费。

上述的制度安排和政策选择体现出国家在耕地非农化问题上社会决策的倾向与偏好。第（1）～（3）项都强调了耕地总量的保持，第（1）、第（3）、第（4）项强调了国家在耕地用途转变过程中的控制和监督，第（2）、第（3）项则是强调了耕地保护中对质量的关注，第（5）项规定了耕地非农化的唯一合法途径，并试图通过有偿使用耕地来保障农民的私人权益。

在耕地非农化过程中，建设用地的需求方（真正的使用者）和供给方（农民）无法直接进行交易。在耕地非农化市场中，一方面国家（及所属机构）是耕地唯一合法的买家，形成了耕地非农化过程的买方垄断，并且土地征收行为是具有强制性的；另一方面国家又是建设用地供给一级市场上的唯一卖家，也即形成了卖方垄断。这种双重垄断加之土地用途管制，农户私人决策的权利和个人利益受到一定挤压，增加了交易成本。

2.3.2.2　受限的私人决策

从我国耕地保护的制度安排看，农村集体地权下农户的私人决策受到了极大的限制，农民的私人决策权限仅基于耕地的原用途。在耕地非农化过程中，个人决策无法决定是否同意耕地转为非农建设用地，也无权将耕地自由转为非农建设用地，更无权决定耕地转为建设用地时的个人收益。耕地非农化的唯一合法途径是土地征收，国家土地征收的法定对象为农村集体经济组织，但由于农村集体经济组织的非人格化，在实际中土地征收的对象是农民个人，这就注定了社会决策偏好下制定的耕地保护相关政策与私人决策偏好的偏离，这种偏离会导致政策很难实行或达不到既定的政策目标。

2.3.3　社会决策与私人决策从非均衡到均衡

依据上文的分析，在耕地非农化过程中社会决策的偏好是耕地数量和质量的双重保护，但由于耕地非农化过程中的国家垄断与政府管制对私人决策的限制，导致农民的财产权得不到保证。一方面国家对土地征收的强制性使农民对耕地长期稳定的使用和投入的意愿降低，另一方面土地征收的垄断性导致征地补偿过低，农民的长远生计很难得到保障。所以在社会决策偏好下制定的耕地保护政策虽以保护耕地为目标，但实际情况是农地抛荒、经营细碎化、农民的农业生产意愿低、耕地非农化面积大且涉及范围广等问题反而越来越严重，这说明耕地非农化中社会决策偏好与私人决策偏好的差异在现有的耕地保护制度下越变越大。虽然中国执行了最严格的耕地保护政策，但社会决策下强制保护与征收对于私人决策者权利的限制与侵蚀，难以通过行政手段解决，在不改变土地所有权性质的基础上，根本的解决路径是赋予农民一定的土地私有权，避免公权力对私人决策的侵扰，通过这种方式增强其对耕地利用的预期，提高私人决策中对耕地保护的意愿，缩小社会决策偏好与私人决策偏好二者间的非均衡程度。

2.4 空间管制视角：土地发展受限与财产权保障

2.4.1 空间管制视角下的研究逻辑

在主体决策视角下我们可以根据决策信息判断是否有制度改进的需求，从耕地非农化中社会决策与私人决策的非均衡分析，要改进这种非均衡状态，需要保障个人财产权，赋予农民私人决策的权利。

对土地使用的限制主要分为两个方面：一是用途的限制，如粮食主产区或生产条件好的耕地被限制不允许随意转换为其他用途使用，又如生态脆弱区的林地被限制不允许砍伐森林用作耕地等其他用途等；二是使用强度的限制，如城市住宅或商用地对容积率、绿化率的规定，又如农产品地理标志区内或经有机标识认证的相关产品在生产过程中对化肥、农药使用的规定等。对于使用强度的限制，通常可以通过市场来调节通过限制产生的损失，如有购买力和追求农产品品质的人往往会出更高的价格去购买有机产品或地理标志区内的产品，容积率低和绿化率高的住宅小区往往能卖出更高的价格等。在我国通常出于环境保护、国家粮食安全等公共利益的考虑，对土地用途进行管制，由于我国土地是公有制，所以被限制区内的土地使用者并没有对限制所产生的损害求取赔偿的权利，政府实施的土地用途管制和土地利用分区可视为管制型征收（regulatory taking）。在耕地非农化过程中，国家基于社会决策偏好对土地进行限制之后，耕地的使用者失去了自由转化土地用途的机会，为了社会整体收益而损失了部分私人收益，构成了特别牺牲，若不予损失补偿是对原土地使用者的财产权的侵害，也有失公平原则。

本节从法经济学的角度分析土地使用限制的相关问题，首先介绍土地使用限制的法经济基础，再从理论上对土地使用的冲突进行条理化和类型化分析，最后分析发展受限土地的财产权配置。

2.4.2 土地使用限制的法经济基础

2.4.2.1 土地使用的外部性管制

在市场经济体系下，土地使用过程会产生外部成本（external cost），这是政府采取管制措施的主要出发点。如图 2.6 所示，假设公共使用土地的边际社会效益（marginal social benefit，MBs）与边际私人效益（marginal private benefit，MBp）相等，且为单调递减的；边际社会成本（marginal social cost，MCs）与边际私人成本（marginal private cost，MCp）呈单调递增趋势。由于 MCs 是 MCp 与土地使用外部边际成本之和，故而 MCs 的斜率较 MCp 更陡。市场机制下，当 $MBp = MCp$ 时，私人收益最大化，此时土地的最适使用程度为 Qp；当 $MBs = MCs$ 时，社会收益最大化，此时最适的土地使用程度为 Qs。土地利用的外部成本产生了社会收益最大化和私人收益最大化的差别，在没有限制的前提下，私人使用土地过程中追求边际效益最大化时会损失社会边际收益（如图 2.6 中阴影部分所示）。这意味着在土地开发外部成本越大的地方进行开发活动，整体的社会边际收益损失越大。

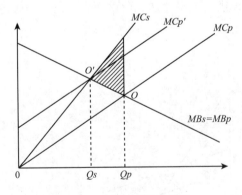

图 2.6　土地使用的外部性

注：笔者自绘。

对于如何解决这种整体社会的边际效益损失，主要有以下几种方式：第一是庇古（Pigou，1962）提出的由税收（land taxation）的方式解决，使开发者承担等价于其开发活动产生的外部成本的税额。从图2.6看，若对土地开发者征收从量税，则边际私人成本从 MCp 移动到 MCp'，最适的土地使用程度与没有管制措施时最适的社会土地程度相等，同为 Qs，私人使用土地所产生的外部成本由征税的方式内部化，且土地使用程度降低。

第二是通过收费（land development charge）的方式解决。也即私人土地开发者在土地利用过程中造成的整体社会边际效益的损失部分（如图2.6所示阴影部分），由其自身负担，将这部分费用作为受到其土地开发行为的外部性损失的人的补偿。这种方式对土地利用程度没有影响。

第三是通过土地使用分区管制（zoning）的方式解决，如通过国家权利直接对土地进行分区，制定每个分区内允许进行的土地利用方式，并针对不同的分区规范各种管制措施。土地分区管制是为了避免土地使用的外部性，但是却会产生暴利与暴损（windfalls and wipeouts）的问题。如图2.7所示，假设一个城市内土地分为农用地与建设用地两种用途，在没有分区管制时其竞租曲线分别为 $p_{ag}(t)$ 与 $p_c(t)$，在均衡状态下 t_0 左侧为建设用地，右侧为农用地。当限制在 t' 右侧不能开发为建设用地时，允许作为建设用地的土地减少了，若市场对于建设用地的需求不变，那么建设用地的竞价曲线会因为分区管制引起的建设用地供给减少而从 $p_c(t)$ 变为 $p_c(t)'$，原土地使用者有暴利现

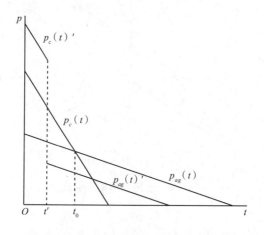

图2.7 土地分区管制的"暴利""暴损"

注：笔者自绘。

象；而农用地的竞价曲线会因为分区管制引起的农地供给增加而从 $p_{ag}(t)$ 变为 $p_{ag}(t)'$，原土地使用者出现暴损现象。土地分区管制虽然是出于避免土地外部性而产生，但米尔斯（Mills，1979）和费希尔（1990）均指出这种方式存在经济不效率和分配不公平的问题。

以上提到的土地税收、收费和土地使用分区管制的做法和对社会边际效益产生的影响虽然不同，但就私人土地使用的边际效益看，均会导致土地使用程度受到限制，进而引发私人边际效益的损失。

2.4.2.2 协商与科斯定理

在科斯定理（Coase，1960）形成之前，经济学家普遍接受庇古外部性的观点，但自从《社会成本问题》（"The Problem of Social Cost"）一文发表后就有了很大的转变。科斯指出，在交易成本为零或很小的情况下，无论财产权如何界定，资源的利用都会达到最有效率的状态。下面以农地和建设用地为例，分别就没有交易成本和有交易成本的情况进行分析。

首先是在没有交易成本的情况下，以图 2.8 说明，横轴为农地转为非农建设用地的数量，纵轴代表交易的边际成本或边际收益。$MC(Q)$ 是农地转为建设用地的边际外部成本曲线，随着土地开发数量的增加，外部成本也随之增加，故而其是一条向上倾斜的曲线；$MB(Q)$ 是农地转为建设用地的边际收益，是一条向下倾斜的曲线，代表土地开发活动报酬递减，开发量为 Q_0 时农地开发为建设用地的边际收益最大，开发量为 Q_2 时开发的边际收益为零。若在土地使用过程中，土地开发权优先，那么基于效益最大化原则的土地开发量为 Q_2，收益为 $a+b+c$，外部成本为 $b+c+d$，此时边际外部成本大于边际收益，故而不是社会资源的最优配置，社会资源的最优配置为 Q_1。科斯认为在没有交易成本的情况下通过协商减少土地开发量，使其在 Q_1 和 Q_2 之间时，可以通过减少开发量以降低外部成本的损害程度，且通过协商由农地保护者对土地开发者就减少开发量所造成的损失进行补偿，不但不会损及土地开发者原有的利益，还可以使得自身受害程度减少，协商的结果是使社会整体福利增加。

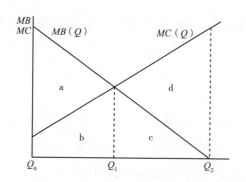

图2.8　土地使用边际收益与外部成本

注：笔者自绘。

其次是有交易成本的情况，以图2.9说明，图中曲线 $MC(Q)$ 和 $MB(Q)$ 的含义与图2.8相同。当开发权优先时，协商的交易成本由农地资源的保护者来承担，则外部成本曲线 $MC(Q)$ 会上移至 $MC(Q)'$，协商的初始目标是从 Q_2 到 Q_1，但最终协商的结果是开发量为 Q_3，这时达到社会资源的最优配置；当资源保护优先时，协商的交易成本由土地开发者承担，则外部收益曲线 $MB(Q)$ 会下移至 $MB(Q)'$，协商的初始目标是从 Q_0 到 Q_1，但最终协商的结果是开发量为 Q_4，这时达到社会资源的最优配置。

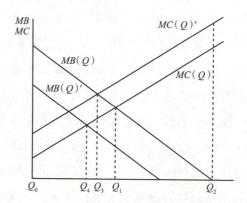

图2.9　土地使用中的交易成本与资源配置

注：笔者自绘。

在交易成本存在的时候，不论初始优先权在哪一方，资源配置都会向最优配置移动。但是当交易成本太高导致权利重新调整与合并时，资源无法通过市场达到最优配置，这时政策干预才能创造一种帕累托最优。在没有或仅有较低的交易成本时，应该尽量透过市场交易进行资源配置；但当交易成本过高时，虽然政策干预的不力或过度都是次佳政策（second best），但此时政策干预仍是必需的。

2.4.2.3　财产权配置

财产权包括对财产的使用、收益分配和交换，这些权利包含在所有权里，所有权人在行使这些权利时和他人的所有权相互作用并彼此影响，为使这些权利能够有效率地运作，所有权必须重新设定与组合，这包括财产权的初始赋予与财产权的保障两方面（边泰明，2002）。

第一方面是财产权的初始赋予，财产权的初始赋予越多则权利就越大。科斯强调了在市场交易下，不论初始的财产权赋予哪一方，资源都会流向最有效率的使用，只是说谁享有资源使用的优势的问题。仍以图 2.9 为例，当开发权优先时，土地开发量经过协商从 Q_2 到 Q_3；当农地保护优先时，土地开发量经过协商从 Q_0 到 Q_4。在土地资源使用的冲突中，若由开发者享有开发优势，则开发者可以在容许的范围内进行土地开发，土地原用途的使用者若要有所改变，必须承担起阻止开发的义务；若由土地原用途的使用者享有环境优势，则土地开发者必须承担起改变现状的行动义务。

第二方面是财产权的保障。目前广泛被接受的是三种财产保障形态：财产原则、责任原则与禁制原则（Calabresi & Melamed，1972）。

（1）财产原则（property rule），是指法律上容许他方当事人侵犯优势持有方，但是必须在事前获得优势持有方的同意。这也就是说优势的相对者可以通过和优势的持有者协商定价而侵犯优势，从而改变财产权的初始优势。这种形态下政府部门的干预行为最少，并且财产权的价值完全由所有权人的主观意愿决定，不受土地开发者和政府部门的左右。

（2）责任原则（liability rule），是指资源优势的对立方可以自主侵犯优势，不用事先得到优势持有方的同意，但在侵犯优势方后，需通过公正的第三方核定赔偿金额，对优势持有方进行赔偿，在赔偿金额方面不受优势方持有人的主观意见和谈判能力的影响。这种责任原则在对资源和环境的保护方面弱于财产原则，这种方式适宜于政府为公共利益征收土地时采用。

（3）禁制原则（rule of inalienability），指政府机构采取禁止转让优势的方法来保障当事人的优势。即不管优势持有人是否同意，均不得经事前协商或事后赔偿的方式侵犯优势。这种情况下政府部门不但决定哪些财产权受到禁制法则的限制，而且还对其尽到保护的责任；当财产权被侵犯时，政府部门可以决定侵犯者对侵犯行为应予赔偿的范围和金额。在禁制法则下，政府部门的干预程度最大，干预不仅包括保护，更隐含限制或强制。

财产权的配置明确谁拥有更多权利以及在初始权利赋予后财产权如何进行保障，在接下来的一节中会对配置原则的选择、财产权配置原则中要考虑的问题和土地资源利用冲突中资源配置的方案进行分析讨论。

2.4.3 土地使用冲突中的法理判断

土地资源的使用与管制问题中涉及法律和经济双面向的问题，在现行的土地相关法律关系中引进经济分析，将有助于土地发展权的定位。虽然中国现在的法律中尚未明确地提出土地发展权的概念，在法律中引进经济分析也有许多需要考虑的，但在土地发展权的定位这个问题上，不可避免地要考虑两点：一是土地资源使用冲突中的两面性，以此来体现土地使用过程中的公平性问题；二是效率观念的引进，就是从整个社会的角度来看，土地使用方案除了需要考虑其执行成本外，还需要基于整个社会考虑如何减少土地用途变更引起的防治损害的成本。以农用地流转为例，不考虑农地流转的外部性，若开发者愿意支付100个单位的价值来开发农地，而农地保护者愿意以120单位的价值来保护农地不被开发，那么开发就是最有效率的安排，这就是衡量效率的问题。

土地利用受限的法经济分析就是在两面性分析下，依照经济效率的观点来为土地利用冲突关系中的分配提供一些基准。卡拉布雷西和梅拉米德（Calabresi & Melamed，1972）针对财产权使用上的纠纷提出法律层面的双重判断模式，叶俊荣（1992）则认为此模式中的内容在整体环境法中显得简略，所以在其框架下针对环境权使用纠纷提出了法律的双重判断模式。本书选取在叶俊荣提出的框架下针对土地利用冲突做出法律的双重判断。若在法律层面上针对土地使用冲突关系做出第一重判断，判定某一当事交易方享有土地利用的优势，即初始财产权赋予哪一方，依据冲突的两面性，优势可能归于土地的原使用者，也可能归于土地的开发者；在优势判定之后可以根据财产权配置法则即财产原则、责任原则和禁制原则进行第二重判断，以保障第一重判断所决定的优势。

2.4.3.1 选择的基本原则

不管是第一重判断还是第二重判断的过程，进行选择的原则都是两个：一是效率原则；一是公平原则。下面分别从第一重判断和第二重判断的效率与公平角度进行分析。

第一重判断——初始财产权赋予即优势判定过程。其一，出于效率考虑时，若从交易成本角度看，初始财产权一般更多赋予交易成本高的一方，也即交易成本高的一方为优势持有方，而由交易成本较低的一方负起积极改变现状的责任；若从开发产生的损害大小的角度看，应该将初始财产权更多地赋予对开发活动无力做成本效益分析的一方，而由资讯较完全、有能力做成本效益分析的一方负起主动改变现状的责任。其二，出于公平考虑时，由于没有一个准则去做解释分析，纵使在某些情况下公平与否被格外重视，但是在公平与效率发生冲突时，社会的抉择往往诉诸政治选择，并由政治人物负政治责任（叶俊荣，1992）。

第二重判断——财产权保障原则的选择过程。其一，出于效率考虑时，从政府干预的程度来讲，财产原则应该是最佳的，因为该原则的政府执行成本最低且资源也会通过市场调节到最优配置；但当信息不对称导致交易难以达成的时候，选择责任原则由公正的第三方来核定补偿价格反而是更有效率的做法；禁制原则是完全非市场化的行为，这对效率是一大限制，但若交易会给除交易双方之外的第三团体带来巨大的负外部性时，应优先选择禁制原则。其二，出于公平考虑时，仍因为缺乏明确的准则而难以进行条理化分析，公平很难在完全市场环境下实现，往往需要政府的介入，如禁制原则虽然选择牺牲了部分人当前的利益，但却是出于对长远公平和社会整体福利的角度做出的选择。

2.4.3.2 财产权配置法则的效果比较

财产权保障的不同法则的做法和性质不尽相同，所以对于财产权保障的效果也有差异，下面从交易成本、潜在外部性倾向与外部性价值这几个方面进行分析比较（边泰明，2002）。

首先是交易成本。财产原则是通过交易双方自己协商交易价格，协商成本包含在交易成本中；责任原则的补偿价格以客观价值为基础，没有协商成本，只有补偿成本；禁制原则因涉及交易双方外的第三团体，因而协商成本非常昂贵，但当禁制原则的协商成本过大以致阻碍交易无法达成时，交易成本为零。所以总体来说，禁制原则的协商成本最大，财产原则其次，责任原则最少。

其次是潜在外部性倾向。潜在外部性倾向是指外部性发生的概率。一般而言，由于财产原则是通过交易双方协商后按照市场机制进行交易，交易成本较之责任原则高，所以实现外部性的诱因较低，所以外部性事件发生的概率较小；责任原则的规则中隐含有积极诱使经济活动发生的意思，因此潜在外部性倾向较之财产原则高；禁制原则由于高交易成本使得外部性事件发生的概率很低甚至为零，也即潜在外部性倾向很低。

最后是外部性价值。外部性价值指的是外部性生产者、外部性接受者和第三团体对外部性事件的认知看法，不同的财产保障原则下认定外部性价值的主体不同，从而会导致不同的外部性价值。财产原则下外部性价值由外部性产生者与承受者双方协商决定，是主观的；责任原则下外部性价值的认定由公正的第三方确定，公正客观程度取决于外部性事件估价的理论和技术水平；禁制原则下外部性价值无法衡量。所以总体而言，当外部性不涉及第三团体时，财产原则是最优的；若涉及第三方，则看外部性的价值能否衡量来决定责任原则与禁制原则哪个更合适。表2.1是这三种原则对比的具体情况。

表 2.1　　　　　　　　　财产原则、责任原则与禁制原则

项目	财产原则	责任原则	禁制原则
性质	事前定价	事后赔偿	禁制开发
机能	市场	低度干预	高度干预
交易成本	高	低	无或非常昂贵
潜在外部性倾向	较低	较高	无或很低
外部性价值	主观认定	客观评估	无法衡量

注：根据文献（边泰明，2002）整理绘制。

2.4.3.3　土地使用的六种方案比较

根据双重判断模式，可以得到如表 2.2 所示的六个处理土地使用冲突的方案。

表 2.2　　　　　　　　　六种资源配置方案的比较

第一重判断	第二重判断	说明	金钱支付	
			正常运作	不正常运作
环境优势	财产原则	①开发停止 ②原使用者同意时可开发	交易金	罚金
	责任原则	①继续开发 ②补偿原使用者后开发	补偿	罚金
	禁制原则	①开发停止 ②原使用者同意也不能开发	无	罚金
开发优势	财产原则	①原使用者不得阻止开发 ②开发者同意时可以停止开发	交易金	罚金
	责任原则	①原使用者可以阻止开发 ②补偿开发者后停止开发	补偿	罚金
	禁制原则	①原使用者不得阻止开发 ②开发者同意也不可停止开发	无	罚金

注：笔者自绘。

我国现行的土地制度在耕地使用上应该是有绝对的环境优势的，在近几年的政府工作报告中都反复强调了保护基本农田、坚守十八亿亩耕地红线，

也即在第一重判断中应该是环境优势。但事实上在我国耕地用地用途转变上采取的是两种方式。一是通过土地征收进行事前补偿，原使用者无法阻止开发，除非开发者放弃开发。这本质上在第一重判断中选取的是开发优势而非基本农田保护制度和土地使用分区管制等我国现行土地制度中所希望实现的环境优势，因为土地原使用者并没有说"不"的权利，而且地方政府采取既定事前补偿标准进行补偿，让土地原使用者没有协商土地交易价格的机会，从而利益受到损害，产生这种问题的根源是土地权属的不完备，农地的原使用者拥有土地的使用权而国家或村集体拥有土地的所有权，而土地发展权没有被明确提出来并法定其归属，故而在土地用途转变过程中土地发展权的价值被开发商和地方政府瓜分。二是禁止开发，开发者与土地原使用者都不能改变这种性质。

2.4.4　受限的土地财产权配置与最优化分析

本节根据前述的第一重和第二重选择对土地利用的最优化及其变动进行分析，具体见图 2.10 所示，其中横轴为资源配置对应的限制程度，纵轴为边际收益（成本），图中的限制是对土地开发而言。其中 *MBs* 和 *MCs* 分别是边际社会收益与边际社会成本，*MBp* 和 *MCp* 分别是边际私人收益与边际私人成本。

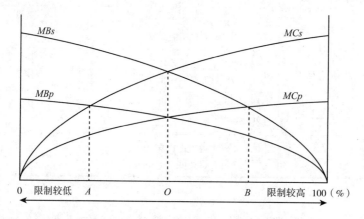

图 2.10　土地限制下土地资源配置的最优化及其变动

注：笔者自绘。

从土地利用双方的角度出发，当第一重判断是开发权优先时，土地最优配置为边际私人收益（MBp）与边际社会成本（MCs）的交点，此时土地的限制程度较低为 A；当第一重判断是资源保护权优先时，土地最优配置为边际社会收益（MBs）与边际个人成本（MCp）的交点，此时土地的限制程度较高为 B。从社会效用的角度出发，土地最优配置为边际社会收益（MBs）与边际社会成本（MCs）的交点，此时的土地限制程度为 O。在第二重判断中，当开发权优先时，财产原则和责任原则下对应的土地限制程度在 OA 之间，且在财产原则下对应的土地限制程度比在责任原则下对应的土地限制程度低，即更接近于 A，禁制原则下土地的限制程度为 0 即土地开发不受限制；当环境保护权优先时，财产原则和责任原则下对应的土地限制程度在 OB 之间，且在财产原则下对应的土地限制程度比在责任原则下对应的土地限制程度高，即更接近于 B，禁制原则下土地的限制程度为 100%，即土地被限制禁止开发（陈明灿，2002）。

在不同的优势判断和财产权保障原则下，土地开发的限制程度不是最关键的，最应该讨论的是在不同选择原则下对土地权利限制是否需要补偿，如果需要补偿的话在什么受限程度上应予补偿、向谁补偿、补偿的金额多少为宜等。本节通过条理化分析，对解决土地利用冲突中的相关问题进行了理论梳理。

2.5　理论分析框架中不同视角的统一

从对框架中不同视角的阐述可以看出，对非均衡问题，比如耕地非农化，不同视角的逻辑是有差异的，三者之间没有固定的逻辑。耕地非农化的空间非均衡是资源的异质性和竞租曲线造成的，是自然和经济社会共同作用的结果，需要尽量探索耕地非农化的空间非均衡发展的过程和机理，而若以耕地非农利用的效率为导向，则认为由市场决定耕地非农化区位即可，但社会决策偏好和私人决策偏好的差异导致社会决策者从全民福利的角度出发做出耕地保护这种在一定程度上牺牲经济效率的做法。本书对非均衡的内涵界定可以协调不同研究视角的差异。为了解决耕地非农化空间非均衡发展过程中产生的问题，可以通过要素流动的原因、机理，探索研究一些可供参考的决策信息。通过测算一定范围内基于社会决策偏好的耕地保护强制性管制措施是否有效，判断私人决策偏好与社会决策偏好间的非均衡程度。当二者决策偏好间的差异大到出现了对缓解这种非均衡的制度改进需求时，当前政策的有效性决定了是否需改进管制政策，以及选择何种政策来改进管制效果。

这个思路一方面协调了不同研究视角的差异，另一方面也给出了下文实证分析的逻辑，为了解决现阶段耕地非农化的空间非均衡发展中的问题，本书的实证部分的研究逻辑如下：

（1）根据土地利用数据对耕地非农化的空间非均衡发展的现状和空间扩散路径进行分析和把握。

（2）通过探索性的空间分析和模型计算，研究耕地非农化的空间扩散规律和机理。一方面通过空间自相关分析可以得到，强制性的管制若实施，其管制的重点和优先区域应该在哪里；另一方面，通过基于异质性假设的驱动力模型模拟预测基于地块尺度的耕地非农化区位。

（3）通过耕地非农化的驱动力模型判断管制政策是否有效，若无效，从社会决策偏好与私人决策偏好间的不均衡分析判断是否有出台引导政策的需求。

（4）若需要设计引导政策，需要寻找能平衡社会决策偏好与私人决策偏好差异的方法。

2.6　本章小结

如何把非均衡发展作为耕地非农化空间非均衡研究的分析框架，在理论上协调不同研究视角对耕地非农化空间非均衡的研究，在实证中指导和管理耕地非农化的空间非均衡发展过程，是本章的主要任务。第 2.1 节中理论分析框架的建立协调了不同研究视角下的耕地非农化空间非均衡发展间的逻辑关系。

在研究耕地非农化的空间非均衡发展中，首先需要在一定范围内考察耕地非农化的历史过程，对私人决策下耕地非农化的空间非均衡程度和空间扩散路径进行把握和判断；其次通过探索性的空间自相关分析给社会决策者提供政策管制的重点区域和优先区域的管理决策信息；再其次通过空间计量模型判断社会决策偏好下的空间管制政策是否有效作用于耕地非农化的私人决策行为，当管制政策无法协调社会决策偏好和私人决策偏好的差异时，双方对引导型政策产生需求；最后当社会决策者对管制政策进行制度设计后，不仅能在维持自身决策偏好下使私人利益得到提升，同时也通过对私人决策行为的影响和约束，促使社会决策偏好下的管制目的的实现。可以看出这是一个循环的系统，同时这个系统较好地协调了不同研究视角下非均衡发展的研究思路，能有效指导和解决耕地非农化空间非均衡发展中产生的问题。这个研究思路一方面整合了各研究视角间对非均衡发展的研究差异，另一方面也给出了接下来实证研究的逻辑。

3 研究区域和数据说明

3.1 研究区域的选择

本书的研究区域武汉市位于北纬 $29°58' \sim 31°22'$，东经 $113°41' \sim 115°05'$，地处中国腹地中心、湖北省东部、长江与汉江交汇处，是湖北省省会。2010 年 3 月 8 日国务院在同意修订后的《武汉市城市总体规划（2010—2020）》的《国务院关于武汉市城市总体规划的批复》中，将武汉市定位为"我国中部地区的中心城市，全国重要的工业基地、科教基地和综合交通枢纽"。全市辖江岸区、江汉区、硚口区、汉阳区、武昌区、洪山区、青山区七个中心城区和东西湖区、蔡甸区、江夏区、黄陂区、新洲区、汉南区六个新城区。2011 年武汉市户籍人口达到 821.71 万人，常住人口达到 1012.00 万人[①]，人口分布密度达到 1191 人/平方千米，城镇化率达到 67.5%，远高于全国平均水平 52.57% 和湖北省的平均水平 53.50%。因中心城区中除了洪山区还有一定存量的耕地资源外，其余六个区基本已经没有耕地资源，另外洪山区与六个新城区一样在区级行政下均设有乡（镇），而剩余六个中心城区的区级行政下级均为街道，所以，在本书的实证研究中基于乡镇级别的分析是以六个中心城区以及洪山区和六个新城区的乡（镇）为对象。

根据湖北省第二次农村土地调查汇总数据，武汉市耕地面积占辖区面积的 37.44%，耕地资源存量丰富，在中国工业化、城镇化和农业现代化的上升

---

① 资料来源于《武汉统计年鉴 2012》。

时期，研究武汉市的土地非均衡发展的特点和空间扩散机制，对于大中型平原城市而言十分具有典型性和代表性。

3.2 研究区域概况

3.2.1 自然条件

武汉市的地貌属鄂东南丘陵经汉江平原东缘向大别山南麓低山丘陵过渡地区，南北丘陵、岗垄环抱，北部低山林立，全市低山、丘陵、垄岗平原与平坦平原的面积分别占土地总面积的 5.8%、12.3%、42.6% 和 39.3%。武汉市属于北亚热带季风性（湿润）气候，具有常年雨量丰沛、四季分明等特点。年平均气温 15.8°C ~ 17.5°C，年日照总时数 1810 ~ 2100 小时，年降水量 1150 ~ 1450mm，降雨集中在每年的 6 ~ 8 月，约占全年降雨量的 40%。武汉市江河纵横，河港沟渠交织，湖泊库塘星布，摄水、府河、倒水、举水、金水、东荆河等从市区两侧汇入长江，形成以长江为干流的庞大水网。总水域面积达 2217.6km^2，占全市土地面积的 26.10%。其中，5000m 以上的河流有 165 条；湖泊 166 个，其中城区内有湖泊 43 个；各类水库 273 座，其中大型水库 3 座，中型水库 6 座，总容量 9.25×10^{9}m^3；共有塘堰 8.51 万口，蓄水能力 3.3 亿立方米；在正常年景，地下水静储量 128×10^{9}m^3，地表水总量达 7145×10^{9}m^3，其中境内降雨径流 38×10^{9}m^3，过境客水 7047×10^{9}m^3。水能资源理论蕴藏量 2 万千瓦[①]。

3.2.2 社会经济

在清末、民国及中华人民共和国初期，武汉经济繁荣，一度是中国内陆最大城市。武汉市是湖北省的省会，是武汉城市圈的核心，也是中部地区最

---

① 本段资料来源于《武汉统计年鉴 2012》。

重要的城市，其经济发展、工业化和城镇化进程及其他各项社会事业在改革开放的浪潮中取得了巨大的进步。2012 年武汉市全市生产总值 8003.82 亿元，名义增长 18.36%，按可比价格计算，比上年增长 11.4%，总量位居全国第九，是长江沿线城市带上第三大经济体，工业产值仅次于上海市和重庆主城区。第一产业实现增加值 102.51 亿元，第二产业增加产值 615.54 亿元，第三产业增加值为 523.57 亿元，三次产业的比例为 3.8∶48.3∶47.9，三次产业增加值的比例为 8.2∶49.6∶42.2。固定资产投资（不含农户，下同）5016.08 亿元，增长 20.1%。其中，第一产业投资 23.00 亿元，比上年下降 20.9%；第二产业投资 1720.46 亿元，增长 40.6%，其中工业投资 1701.04 亿元，增长41.5%；第三产业投资 3272.62 亿元，增长 9.8%。2012 年年末常住人口1012 万人，户籍人口 821.71 万人，人口自然增长率 5.18‰，人口净迁移率－4.58‰。全年城市居民人均可支配收入 27061 元，比上年增长 14.0%。人均消费支出 18813.14 元，增长 9.8%。人均住房建筑面积 33.5 平方米，增加0.79 平方米。每百户家庭拥有家用汽车 22.1 辆，计算机 111.06 台，空调器203.21 台，移动电话 229.91 部。全年农村居民人均纯收入 11190.44 元，比上年增长 14.0%。人均消费支出 8166.70 元，增长 15.0%。人均居住面积51.4 平方米。每百户家庭拥有洗衣机 83.1 台，空调 93.6 台，移动电话 227.4部，家用计算机 32.1 台[①]。

3.2.3 土地资源概况

根据全国第二次土地调查数据显示，2009 年武汉市区域面积为856914.59 公顷，其中耕地为 320842.28 公顷，园地为 8246.91 公顷，林地为98003.58 公顷，草地为 3975.82 公顷，城镇村及工矿用地为 129919.46 公顷，交通运输用地 24317.22 公顷，水域及水利设施用地为 255682.30 公顷，其他土地为 15927.02 公顷，全市总体和分区土地资源状况见表 3.1。

---

① 本段资料数据来源于《2012 年武汉市国民经济和社会发展统计公报》。

表 3.1　　　　　　　　　　2009 年武汉市土地资源状况

行政区域	耕地	园地	林地	草地	城镇村及工矿用地
江岸区（公顷）	278.65	0	50.78	6.31	4706.67
江汉区（公顷）	0	0	5.00	0	2610.36
硚口区（公顷）	226.25	0	32.04	5.08	2991.17
汉阳区（公顷）	1027.12	5.18	58.23	43.92	5786.93
武昌区（公顷）	5.07	0	27.55	16.78	4750.60
青山区（公顷）	135.42	1.18	32.19	29.09	4140.76
洪山区（公顷）	12272.33	496.38	3018.68	156.99	16865.98
东西湖区（公顷）	18237.89	913.33	1587.02	256.69	8280.76
汉南区（公顷）	12213.32	46.05	1324.04	1.66	2867.47
蔡甸区（公顷）	43261.58	328.28	8637.35	221.04	15710.57
江夏区（公顷）	76205.11	2676.98	22788.22	1135.52	23389.83
黄陂区（公顷）	92738.94	2477.65	48601.64	1677.34	22885.52
总计（公顷）	320842.28	8246.91	98003.58	3975.82	129919.46
占总面积比例（%）	37.44	0.96	11.44	0.46	15.16

行政区域	交通运输用地	水域及水利设施用地	其他土地	合计
江岸区（公顷）	366.29	2540.57	78.96	8028.23
江汉区（公顷）	99.37	114.62	0	2829.35
硚口区（公顷）	149.67	584.16	17.11	4005.48
汉阳区（公顷）	284.12	3896.29	52.53	11154.32
武昌区（公顷）	7.08	1651.34	0	6458.42
青山区（公顷）	62.74	1278.36	32.59	5712.33
洪山区（公顷）	1980.96	22101.44	435.00	57327.76
东西湖区（公顷）	2632.67	17169.59	455.87	49533.82
汉南区（公顷）	643.97	11525.89	82.19	28704.59
蔡甸区（公顷）	3207.06	32906.77	5044.01	109316.66
江夏区（公顷）	5276.94	67585.76	2772.13	201830.49
黄陂区（公顷）	5805.44	47233.98	4249.43	225669.94
总计（公顷）	24317.22	255682.30	15927.02	856914.59
占总面积比例（%）	2.84	29.84	1.86	100.00

注：数据来源于全国第二次土地调查，笔者整理、自绘。

61

从表 3.1 可以看出，武汉市土地资源中最多的是耕地，占辖区总面积的 37.44%；其次是水域及水利设施用地，占总面积的 29.84%；再其次是城镇村及工矿用地，占总面积的 15.16%；园地、草地和交通运输用地的占比较少，分别为 0.96%、0.46% 和 2.84%。通过分析耕地在武汉市各区的分布可以发现，武汉市耕地资源分布十分不均，耕地面积最多的三个区（黄陂区、江夏区和蔡甸区）之和占耕地总面积的 66.14%，而耕地最少的三个区（江汉区、武昌区和青山区）之和占耕地总面积还不足 0.05%。从城镇村及工矿用地的分布来看，中心城区中除了洪山区外，城镇村及工矿用地占所在区总面积百分比均超过 50%，这一比例最高的江汉区高达 92.26%，就是占比最低的洪山区这一比例也有 29.42%，而远城区的这一比例相比中心城区而言则十分低，均在 10% 左右。

从 1990～2012 年武汉市历年耕地减少的面积来看，武汉市现在处于一个耕地快速减少的阶段。从减少去向来看，武汉市在城市建设和发展过程中，建设用地占用耕地的数量在年内耕地减少总量中占比超过一半，达到 57.74%，而且这一比例在 2003～2012 年间变为 58.13%，在 2008～2012 年间更是上升到 84.62%，这说明耕地转为非农建设用地是武汉市耕地减少的主要原因，并且这一重要原因的影响呈现出不断增强的趋势。

从表 3.2 中可以看到，若不考虑每年耕地增加的数量，1990～2012 年间武汉市共计减少耕地 69.94 千公顷，是 1990 年耕地总面积的 29.13%，所以说近 20 年武汉市的城市建设和发展伴随的是每年超过 1% 增速的流失耕地速度。

表 3.2　　　　　　　　　1990～2012 年武汉市耕地数量变化情况

年份	年末实有耕地面积（千公顷）	年内减少耕地		国家基建占用（千公顷）	其他建设占用（千公顷）
		面积（千公顷）	占比（%）		
1990	240.11	1.23	—	0.57	0.36
1991	238.86	1.35	0.56	0.69	0.26
1992	236.15	2.80	1.17	0.93	0.35
1993	231.37	4.96	2.10	1.47	0.73
1994	228.29	3.22	1.39	1.02	0.57
1995	225.75	2.62	1.15	1.16	0.51

年份	年末实有耕地面积（千公顷）	年内减少耕地		国家基建占用（千公顷）	其他建设占用（千公顷）
		面积（千公顷）	占比（%）		
1996	224.85	1.13	0.50	0.37	0.31
1997	223.59	1.43	0.64	0.47	0.45
1998	221.85	2.06	0.92	0.97	0.33
1999	219.73	2.71	1.22	0.85	0.35
2000	217.84	2.87	1.31	0.95	0.14
2001	216.10	2.50	1.15	1.30	0.21
2002	214.95	4.77	2.21	2.40	1.03
2003	205.78	10.33	4.81	1.89	0.81
2004	206.06	2.65	1.29	0.31	1.08
2005	207.74	3.15	1.53	1.18	0.58
2006	210.40	3.48	1.68	1.78	0.74
2007	210.35	4.72	2.24	1.79	1.18
2008	210.23	1.58	0.75	1.03	0.26
2009	208.94	2.15	1.02	1.33	0.44
2010	207.07	2.64	1.26	2.10	0.43
2011	206.52	2.08	1.00	0.91	0.49
2012	203.82	3.51	1.70	2.23	0.90

注：数据来源于各年的《武汉统计年鉴》，笔者整理、自绘。

3.2.4 城乡发展与建设

武汉市 2012 年年末建成区面积 520.3 平方千米，比上年增加 12.69 平方千米。轨道交通线路总长度 56.23 千米，比上年增加 27.73 千米。全市公交线路 7425 条，营运公共汽（电）车 15.05 万辆，出租汽车 16597 辆。继武汉市 2011 年获得"国家森林城市"称号之后，2012 公园绿地面积达到 6226.98 公顷，增加 188.5 公顷。人均公园绿地面积 9.91 平方米，增加 0.32 平方米。建成区绿化覆盖率 38.19%，提高 0.6 个百分点。森林覆盖率 27.11%，提高 0.31 个百分点。

中心城区和远城区自来水普及率均达 100%。全年燃气供应总量 13.65 亿立方米，家庭用气量中天然气占 84.5%，全市气化率 92.2%，提高 0.2 个百分点。

全年城市污水集中处理率 92.3%。城市生活垃圾无害化处理率 95%，比上年提高 5%。化学需氧量排放量 16.50 万吨，下降 1.8%；二氧化硫排放量 10.55 万吨，下降 2.7%；氨氮排放量 1.91 万吨，下降 1.65%；氮氧化物排放量 12.61 万吨，下降 3.7%。环境空气质量优良天数 321 天，增加 15 天。区域环境噪声平均值 55.2 分贝，交通干线噪声平均值 69.3 分贝。工业固体废弃物综合利用率 98%①。

3.3 数据说明

3.3.1 数据类型和数据来源

本研究采用的原始数据有：1990 年、1995 年、2000 年、2005 年和 2011 年的土地利用现状图，武汉市的数字高程模型（DEM），2011 年武汉市行政区划图，2006 年武汉市基本农田规划图，2006 年武汉市规划建设用地图，2006 年武汉市路网图，2012 年武汉市等级以上中小学校和高等教育院校分布，另外还有相关年份的社会经济统计资料，具体见表 3.3。

表 3.3　　　　　　　　　　　　研究数据来源

数据格式	年份	资料名称	来　源
栅格数据	1990	土地利用分类图	中科院资源环境数据中心
	1995	土地利用分类图	中科院资源环境数据中心
	2000	土地利用分类图	中科院资源环境数据中心
	2000	人口密度图	中科院资源环境数据中心

① 3.2.4 节资料数据来源于《2012 年武汉市国民经济和社会发展统计公报》。

续表

数据格式	年份	资料名称	来源
栅格数据	2000	地均GDP分布图	中科院资源环境数据中心
	2005	土地利用分类图	中科院资源环境数据中心
	2011	土地利用分类图	武汉市规划研究院
	—	武汉市数字高程模型（DEM）	中科院资源环境数据中心
矢量数据	2006	武汉市基本农田规划图	武汉市规划研究院
	2006	武汉市规划建设用地图	武汉市规划研究院
	2006	武汉市路网图	武汉市规划研究院
	2009	武汉市行政区划图	武汉市规划研究院
文本数据	2013	高等学校名单	教育部
	2013	等级以上中小学校	武汉市教育局

注：笔者整理、自绘。

其中，1990年、1995年、2000年和2005年的土地利用分类数据和武汉市数字高程模型（DEM）数据来源于中国科学院资源环境数据中心，2011年的土地利用分类数据来源于武汉市规划研究院，均为100m×100m格网的栅格数据；2000年的人口密度（人/平方千米）和地均GDP（万元/平方千米）数据来源于中科院资源环境数据中心，为1km×1km格网的栅格数据。

3.3.2 数据处理

本书数据和图像的基本处理和运算成图使用到的软件版本有SAS9.13、ArcGIS10.1、OpenGeoda1.42、Matlab8.1，本研究使用的电脑操作平台是Win7 professional。本研究对于搜集来的资料做的基础处理如下。

3.3.2.1 土地利用分类数据源不同的处理方法

本书的分析主要是在土地利用分类数据的基础上结合其他资料作分析，但研究所用的五期土地利用分类数据分别来源于中科院资源环境数据中心和武汉市规划研究院，不同的数据源存在投影系统不一致、土地利用分类标准不一致和边界信息不一致等问题，针对土地分类数据源不一致产生的这些问题，本书做了如下处理：

（1）投影系统不一致的问题。中科院资源环境数据中心的数据采用的投影系统是 Krasovsky_1940_Albers，武汉市规划研究院的数据采用的坐标系统是 Beijing_1954_3_Degree_GK_CM_114E，本书的处理方法是将武汉市的数据通过 ArcGIS 中的投影系统转换将原投影转换成 Krasovsky_1940_Albers，以统一两个数据源投影系统不一致的问题。

（2）土地利用分类标准不一致的问题。武汉市规划研究院的土地利用分类数据的土地利用分类标准与第二次土地调查的分类标准一致，而中科院资源环境数据中心的土地利用分类数据有自己的分类标准，根据本书的研究需要，本书的处理方法是以中科院资源环境数据中心的土地分类标准为准，结合其内涵对武汉市规划研究院的土地分类数据在 ArcGIS 中进行重分类（reclassify）。中科院资源环境数据中心的数据采用的土地利用分类标准及内涵见附录Ⅰ，武汉市规划研究院的数据采用的土地利用分类标准及内涵见附录Ⅱ。

（3）边界信息不一致的问题。中科院资源环境数据中心的数据是将武汉市的数据按照武汉市的行政区划提取出来，其中中科院资源环境数据中心采取的行政区划界限数据产生于 20 世纪 90 年代；武汉市规划研究院的行政区划数据是在全国第二次土地调查中进行重新勘测和绘制的，所以数据产生于 2009 年。由于两个数据源采集数据的时间间隔较长，加之所用的技术和勘测精度不一致，导致了两个数据源边界不能完全重合，本书采取的方法是取两个区划范围的重叠部分作为本书的研究范围，虽然这样做损失了一些边界边缘信息，但由于本研究的重点在于土地非均衡利用，是以不同受限程度的耕地非农化作为研究对象，而耕地非农化又多发在城乡交错区，所以这种处理方法不会影响研究结果。图 3.1 是处理结果和删减部分示意图，白色部分是经重叠化处理后的乡镇行政区划，黑色部分是中科院资源环境数据中心的原始行政范围未被采用的部分，浅灰色部分是武汉市规划研究院的原始行政范围未被采用的部分。

乡镇行政区划
中科院资源环境数据中心
武汉市规划研究院

图 3.1 两个数据源重叠部分示意

注：土地利用栅格数据来源于中科院资源环境数据中心、武汉市规划研究院。本图由笔者整理、自绘。

从图 3.1 可以看到，出现较大差异的是右边中部的一块，经过重叠区处理后这一块被切除，但从乡镇行政区划来看，这一块的面积在洪山区的左岭街和花山街总面积中所占比例超过一半，所以本书在做乡镇级别分析的时候，将左岭街和花山街合并到洪山区豹懈镇内。

3.3.2.2 文本数据的处理方法

本研究中的教育资源数据来源于教育部批准的高等学校名单、新批准的学校名单①和武汉市教育局各级各类教育 2013 年公布的等级以上学校的名单，经筛选整理后为文本数据，因为要做空间数据分析，所以需要将其空间化。本书的处理方法是按照国家和市教育局公布的名单在谷歌地球（Google Earth）

---

① 教育部批准的高等学校名单、新批准的学校名单（截至 2012 年 4 月 24 日）. http：//www. moe. gov. cn/publicfiles/business/htmlfiles/moe/moe_229/201205/135137. html.

中检索出名单中各个学校的地理坐标，再通过 ArcGIS 将这些转换成空间数据。由于谷歌地球的地图采取的是 WGS84 通用墨卡托投影（UTM），故转成空间数据后再做投影变换，转换到 Krasovsky_1940_Albers 才能与本书其他数据一起做空间分析。所以教育资源的文本数据经过以下三步处理：第一，通过谷歌地球实现坐标定位；第二，在 ArcGIS 中输入坐标信息输出空间位置；第三，在 ArcGIS 中作投影转换。

3.3.2.3 栅格数据获取土地利用变化数据的处理方法

一般而言，若数据源为矢量数据的话，获取不同时期不同地类的土地利用转换信息可以通过土地利用转移矩阵来完成，但若数据源为栅格数据则无法直接获取不同地类的土地利用转换数据。但栅格数据的优势是可以做代数运算，所以本书的处理方法是通过技巧性赋值来解决这个问题。本书土地利用分为八类：耕地、林地、草地、水域、未利用地、城镇用地、农村居民点、其他建设用地，故在栅格属性赋值的时候对这八个地类分别按 2^n（$n=0\sim7$）赋值，所以耕地、林地、草地、水域、未利用地、城镇用地、农村居民点、其他建设用地的栅格属性值分别为 1、2、4、8、16、32、64、128（栅格属性值与中科院土地分类标准、第二次全国土地调查分类标准的对应关系见附录 Ⅲ-1），这样在 ArcGIS 中，使用空间分析（spatial analyst）下的栅格运算（raster calculator）作减法即可得到耕地转为建设用地的（耕地非农化）的量。例如使用 2011 年的栅格数据减去 1990 年的栅格数据，计算结果中的每一个非零数值都代表一种地类转换值（栅格运算结果与各地类转换对应关系见附录 Ⅲ-2）。

4 土地非均衡发展的空间格局与空间扩散路径分析

4.1 引言

中国的改革开放选择了社会主义市场经济，打破了土地无偿、无限期、无流动使用的状况，城市和经济的发展离不开土地的支撑，根据《中国统计年鉴2013》数据显示，1996年中国城镇化率达到30.48%，中国进入城镇化快速发展阶段，对建设用地的需求不断增加。耕地是建设用地扩张的最重要来源，据2002~2012年的《中国国土资源统计年鉴》数据计算，中国2001~2011年间全国城市建设用地扩张中所征用的土地中44.37%来源于耕地，研究耕地非农化的时空变化特征对控制城市建设用地扩展和保护耕地、合理有序开发利用耕地有积极意义。

耕地非农化是我国经济和城镇化快速发展过程中不可避免的过程，而有限的耕地资源面临的又是耕地非农化的单向不可逆性，这两个原因推动着国内耕地非农化的相关研究。根据第1章的相关文献回顾和评述，目前涉及空间分析研究的特点都是实现了耕地非农化在空间分布差异上的可视性，但不足之处是在时空变化两个层面的分析和可视化研究方面均十分有限，没有充分体现耕地非农化的时空变化特点。皮克特等（Pickett et al.，2010）指出，模式认知是科学了解自然的基石之一，在耕地非农化研究中加入空间分析就是为了更好地在空间范围识别耕地非农化的模式，认知耕地非农化的空间模式能对土地利用和规划提供有效指导和参考，本章试图弥补现有的耕地非农化空间分析中的不足，通过实现耕地非农化的时空可视化来加深对其空间模式的认知。

耕地非农化是在土地利用过程中各种要素综合作用的结果，在时空上呈现出的是一个动态变化的过程，当作用于土地利用的各种因素在区域间不能完全相同时，耕地非农化在空间上就会呈现一种非均衡发展的态势。目前非均衡发展的研究最常用的方法是重心迁移路径，除了土地空间分布非均衡及变化趋势研究外，还用于研究区域经济差异或变迁过程（周民良等，2000；Quah，2011；慕晓飞等，2011）和经济非均衡发展与其他事物（如人口、产业）非均衡发展之间的相对关系（樊杰等，1996；徐建华等，2001；冯宗宪等，2006）。已有的研究，从研究内容上看，多集中在经济、产业和人口方面，在土地方面的研究出现得比较晚，在数量上也比较少，其主要原因是在经济发展的较早阶段，可利用的土地数量较多，土地供应压力小，但随着经济的发展，资源环境的压力越来越凸显，科学合理可持续利用土地资源的需求越来越强烈，所以相关的研究才逐步出现和开展。从研究范围看，涉及经济、产业和人口的研究偏向于选取较大范围的研究区，如全球、全国或经济带等，而涉及土地利用的研究则偏向于选择相对较小的研究区域，如省或市，究其原因，研究土地利用的变化特征和变化趋势是为了反思过去的土地利用政策，根据经济和环境可持续发展的需求对其进行调整，而土地资源禀赋的差异较大，基于因地制宜的原则，选择相对小的研究区域对地区土地利用政策的调整具有更现实的指导意义。从研究的数据来源看，现有的研究主要用的是统计数据，使用统计数据计算重心的一个合理假设基础是基本研究单元的重心位置在其行政中心的所在位置，但是在土地利用方面，使用不同时期的土地利用遥感图像分析的结果比利用统计数据计算的结果显然更接近实际情况。从研究的时间跨度看，不管是经济、人口还是土地利用都是一个缓慢变化的过程，较长的时间跨度对研究对象在时空上的变化趋势会把握得更好，在现有的研究中时间跨度以 20 年以上的为主。

结合文献回顾，本章选择耕地非农化的空间非均衡发展为研究对象，采用 GIS 空间分析方法，结合 1990～2011 年间五期土地利用栅格数据和相关年份的社会经济统计数据，分析武汉市耕地非农化的空间非均衡发展状况，并对武汉市耕地非农化的空间扩散路径和经济、人口重心的移动作对比研究分析，实现耕地非农化在时空上变化的可视性，揭示在经济发展过程中武汉市耕地非农化在空间上的非均衡发展，分析其空间扩散路径，并与经济和人口的迁移路径作对比，从而为武汉市科学合理、可持续地开发利用土地提供政策指导。

4.2 武汉市耕地非农化的空间格局

4.2.1 武汉市耕地分布现状分析

武汉市地处江汉平原，耕地资源比较丰富，根据湖北省第二次农村土地调查汇总数据，武汉市耕地面积占辖区面积的 37.44%，主要分布在武汉市的六个新城区，其中耕地面积占比高于辖区面积占比的有汉南区、蔡甸区、黄陂区和新洲区四个新城区，这四个区的耕地面积之和占到武汉市耕地总量的 66.22%，而辖区面积占到武汉市总面积 11.15% 的七个中心城区的耕地面积之和仅占耕地总面积的 0.52%。具体而言，本书通过构建耕地的丰度指数来反映耕地在各个区域内的分布：

$$A_i = \frac{F_i}{S_i \times \sum F_i} \tag{4.1}$$

式中 A_i 为第 i 个乡镇的耕地丰度指数，F_i 为第 i 个乡镇的耕地面积，S_i 为第 i 个乡镇的行政区划面积，根据计算结果对 2011 年各个区的耕地丰度作分级图，具体见图 4.1 (a)。

传统意义上认为武汉是个以武昌、汉阳和汉口（按长江、汉江分割城市为三部分）为中心的多中心城市，城市生产要素的聚集和经济生产活动围绕各自的中心发生，但这种说法在一定程度上忽略了武汉市的整体性。从图 4.1 (b) 可知，1990~2011 年武汉市耕地非农化呈现由中心向外扩

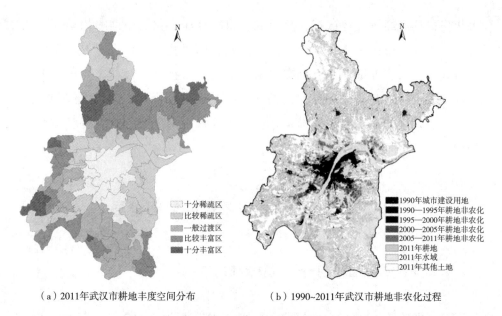

（a）2011年武汉市耕地丰度空间分布　　　　（b）1990~2011年武汉市耕地非农化过程

图 4.1　武汉市耕地空间分布现状和非农化过程示意

注：土地利用栅格数据来源于中科院资源环境数据中心、武汉市规划研究院，本图由笔者计算自绘。

散的特点，从城市整体出发再结合耕地非农化的过程来看，武汉市是一个典型的单中心城市，传统意义上的多中心已经相互融合，城市的经济生产活动围绕着一个核心在开展。城市发展过程中的耕地非农化基本遵循围绕中心圈层逐步外扩的特点，耕地非农化比较均匀地发生在区域中心的四周。

4.2.2　武汉市耕地非农化的空间洛仑兹曲线和基尼系数

洛仑兹曲线最初由统计学家 M. O. 洛仑兹（Max Otto Lorenz，1905）提出，主要用于研究收入在国民间分配的问题，取一个矩形的横轴表示人口（按收入由低到高分组）的累积百分比，纵轴表示收入的累积百分比，弧线即为洛仑兹曲线，洛仑兹曲线的弯曲程度反映的是收入分配的不均衡状况。随后经济学家基尼在此基础上提出了基尼系数。基尼系数是洛仑兹曲线与矩形对角线围成形状的面积与矩形对角线与纵横轴围成形状面积的比。基尼系数是洛仑兹曲线的量化，洛仑兹曲线是可视化的基尼系数。

本章基于洛仑兹曲线的思想，取一个矩形用横轴表示乡镇个数（按耕地非农化面积由高到低分组）的累积百分比，纵轴表示耕地非农化面积的累积百分比，以此作出耕地非农化的洛仑兹曲线，具体见图4.2。从图中可以直观地看出四个时期耕地非农化的洛仑兹曲线的弯曲程度在逐步变小，这说明武汉市耕地非农化在乡镇级层面上的不均衡程度在减弱。

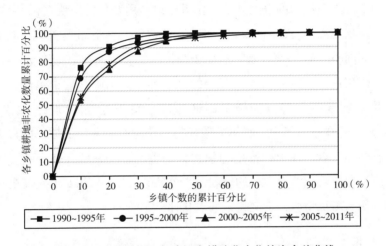

图 4.2 1990～2011 年武汉市耕地非农化的洛仑兹曲线

注：土地利用栅格数据来源于中科院资源环境数据中心、武汉市规划研究院，本图由笔者计算、自绘。

在洛仑兹曲线的基础上本章采取几何图形分块近似逼近计算的方法求取武汉市耕地非农化的基尼系数，$G_{90-95} = 0.8285$，$G_{95-00} = 0.7177$，$G_{00-05} = 0.5912$，$G_{05-11} = 0.5289$，四个时期的基尼系数也说明耕地非农化的空间非均衡在由强变弱。20 世纪 90 年代武汉市的城市发展比较集中地围绕在城市中心，这个时期城市中心的作用以聚集作用为主，所以耕地非农化也呈现出比较集中的状况，城市外围的远城区发展速度比较慢，但随着城市的不断发展和城市中心的规模扩大，城市中心的扩散效应开始凸显，城市中心的边界开始向外蔓延，这个时期的耕地非农化的空间分布模式相比于以聚集作用为主的城市发展时期而言，也从相对集中转为比较分散。

4.3　武汉市耕地非农化的空间非均衡分析

4.3.1　基于耕地非农化速度分级的耕地非农化重心曲线

武汉市耕地非农化的空间洛仑兹曲线说明武汉市的耕地非农化在空间上极度不均衡。土地利用的空间外部性使得土地利用变化的地块（parcel）会呈现出空间聚集或离群（cluster and outlier）的特征，在空间视图上一般选取等值图（choropleth map）来反映。但由于等值图的破碎性和信息传递的有限性，有研究指出用重心曲线可以提高图像的可读性和显示隐含的聚集信息，并在人口密度和耕地变化等方面做了实证分析（葛美玲等，2009；关兴良等，2010）。重心是在重力场中，物体处于任何方位时所有各组成质点的重力的合力都通过的那一点，规则而密度均匀物体的重心就是它的几何中心。为了研究武汉市耕地非农化的空间非均衡状况，本章以 1990～2011 年武汉市耕地非农化速度作为衡量指标，定义耕地非农化速度为：

$$s_i = \frac{F_i^{11} - F_i^{90}}{F_i^{90}} \tag{4.2}$$

式中 s_i 为第 i 个乡镇的耕地非农化速度，F_i^{11} 为第 i 个乡镇 2011 年耕地数量，F_i^{90} 为第 i 个乡镇 1990 年的耕地数量。采用 ArcGIS 中 Spatial Analyst Tools 和 Spatial Statistics 的相关功能统计、计算出各个乡镇耕地非农化速度，对速度进行分级，求出各级别下的耕地非农化重心，并将它们合并到一个图层中按非农化速度的高低次序用直线连起来形成耕地非农化重心曲线，如图 4.3 所示。耕地非农化重心的位置是由不同级别耕地非农化速度在空间分布中所处的位置决定的，假设耕地非农化均匀地发生在区域内，则耕地非农化速度的各个级别的重心均应该与区域的几何重心重合，耕地非农化速度的不同导致了耕地非农化重心的偏移，所以，从耕地非农化重心曲线可以看出耕地非农化速度的空间非均衡。

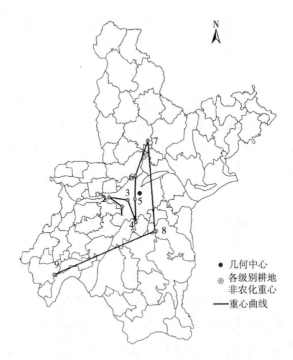

图4.3　1990~2011年武汉市耕地非农化重心曲线示意

注：数据来源于中科院资源环境数据中心、武汉市规划研究院，本图由笔者计算、自绘。

从图4.3可看到，耕地非农化重心曲线上的点有一定的规律可循而非毫无章法。耕地非农化重心在图中可以看出主要有两个特点：一是从非农化速度快的点到速度慢的点的密度基本符合逐步降低的趋势，葛美玲等（2009）在做中国人口重心曲线时的人口重心点也有这个规律，这说明基于耕地非农化速度分级的耕地非农化重心曲线在空间分布上遵循了一定的衰减法则；二是武汉市的耕地非农化速度从快到慢的点呈现出由中心向外围扩张的特点，这也能在一定程度上再次印证武汉是个单中心城市。

4.3.2　武汉市耕地非农化的空间扩散路径

从图4.1（b）中可以看到1990年武汉市已经沿长江形成一定规模，1990年时武汉市的建设用地面积仅为263.09km²，到2011年的20年间增长了近

5 倍，变为 1559.29 km²，其间耕地非农化面积为 468.58 km²，即建设用地面积增长总量中的 36.15% 来源于耕地非农化。其中耕地非农化最慢的是 1995～2000 年间，仅为 8.7 km²/年，2005～2011 年耕地非农化速度最快，达到 55.58km²/年。究其原因，2004 年武汉城市圈正式成立[①]，2006 年即上升到国家战略层面[②]，作为武汉城市圈的中心城市，武汉市进入快速发展阶段后进行了大规模的基础设施建设，2008 年中央政府为刺激经济提出的四万亿计划更是促进了武汉市住宅和商服业方面的发展，城市的高速发展伴随的是高速度的耕地非农化。

为了分析武汉市耕地非农化的空间扩散路径，本章用 ArcGIS 中的 Zonal Geometry 工具得到不同时期耕地非农化存量的重心，并由此计算重心移动的方向和距离（见表 4.1）。从每个时期的重心移动速度来看，武汉市耕地非农化的空间格局还处于不稳定状况，但经过 2000～2005 年间每年 284.95m 的最大移动速度后，耕地非农化重心在空间上的移动速度有变缓的趋势，说明耕地非农化的空间不均衡状况有所好转。从移动方向看，武汉市耕地非农化的趋势在南北向是先向北，转而向南又复向北；在东西向是先向西然后向东（见图 4.4），1991 年武汉东湖新技术产业开发区经国务院批准为国家级高新技术开发区，1993 年 4 月武汉经济技术开发区经国务院批准为国家级开发区，这两个国家级开发区均处于 1990 年重心的北部，这两个开发区的发展带动了耕地非农化的重心向北部移动，1999 年中国高等教育开始扩大招生规模，武汉市的东南方向是高校聚集地，武汉市内由教育部批准的 7 所 "985" 和 "211" 高校均在这个方位，人口的增加带动了住宅和商服用地需求的增加，这就导致了耕地非农化重心的南移。另外从图 4.4 中还可以发现武汉市耕地非农化重心扩张的一个特点，即耕地非农化重心的移动呈现一个回转的形状，这说明武汉市的城市发展还是围绕着中心城区在进行，武汉市一直是个单中心城市，没有形成新的城市核心。

---

① 资料来自中共湖北省委办公厅湖北省人民政府办公厅转发《省发展和改革委员会关于加快推进武汉城市圈建设的若干意见》的通知。

② 资料来自《中共中央国务院关于促进中部地区崛起的若干意见》。

表4.1　　　　　　　　1990～2011年武汉市耕地非农化的空间扩散路径

项　目	1990～1995年	1995～2000年	2000～2005年	2005～2011年
重心移动距离（m）	579.95	1340.65	1421.77	509.32
与正北方向夹角（°）	319.25	59.48	316.36	304.93
扩张方向	WN	WS	ES	WN

注：数据来源于中科院资源环境数据中心、武汉市规划研究院。

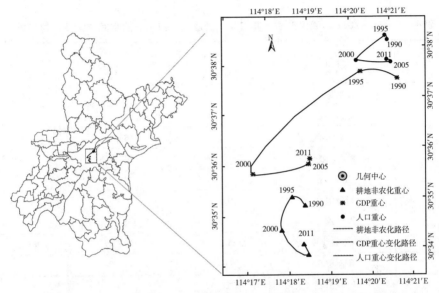

图4.4　1990～2011年武汉市耕地非农化、经济和人口重心迁移路径

注：数据来源于中科院资源环境数据中心、武汉市规划研究院，本图由笔者计算、自绘。

4.3.3　武汉市的耕地非农化、经济发展和人口分布的非均衡分析

4.3.3.1　武汉市耕地非农化、经济和人口的重心变化对比分析

耕地非农化的发生区域会受到经济发展和人口的影响，本书为分析耕地非农化和经济、人口间的关系，通过统计资料算出与耕地非农化几个不同时期节点相对应年份的经济和人口的重心。本书中重心的计算采用冯宗宪和黄建山（2006）提出的方法，将计算出的点添加到ArcGIS中并按照年份的先后次序分别绘制耕地非农化的空间扩张路径、人口重心变化路径和GDP重心变化路径（见图4.4）。

从图 4.4 可以看到武汉市耕地非农化路径、GDP 重心变化路径和人口
重心变化路径在移动方向上具有一定的相似性，大体上都符合在南北向是
向北，转而向南又复向北；而在东西向是先向西然后向东这个移动规律。
为分析它们的移动规律，本书计算出相同年份间耕地非农化、经济和人口
重心间的相对偏移距离，并观察它们与武汉市的几何重心间距离的变化，
具体见表 4.2。

表 4.2　1990～2011 年武汉市耕地非农化、经济和人口重心的空间位置及相对偏离

年份	项目	偏移（m）		
		几何重心	经济重心	人口重心
1990	几何重心	—		
	经济中心	996.21	—	
	人口重心	1797.8	1632.1	—
	耕地非农化重心	5311.87	5970.75	7081.90
1995	几何重心	—		
	经济中心	609.78	—	
	人口重心	1658.87	1584.87	—
	耕地非农化重心	5251.28	5318.28	6985.93
2000	几何重心	—		
	经济中心	5721.52	—	
	人口重心	1010.52	5827.24	—
	耕地非农化重心	6549.27	2333.15	6983.47
2005	几何重心	—		
	经济中心	3752.82	—	
	人口重心	1057.74	4807.63	—
	耕地非农化重心	6943.02	3407.81	7919.32
2011	几何重心	—		
	经济中心	3942.86	—	
	人口重心	952.43	4895.06	—
	耕地非农化重心	6602.63	3176.97	7571.24

注：数据来源于中科院资源环境数据中心、武汉市规划研究院。

从表 4.2 可知，耕地非农化、经济和人口重心在空间和时间尺度上有以

下规律：从到几何重心的距离看，人口重心与几何重心之间的距离比较稳定，但经济和耕地非农化重心与几何重心间都出现先远离又靠近的过程；经济重心和人口重心之间的距离在 2000 年有一个较大的偏移，在 2000 年之前和之后的年份的距离变化分别保持一个相对稳定的状况；耕地非农化重心与经济重心和人口重心之间的偏移均处于相对稳定状况，未发生大的波动。

4.3.3.2 武汉市耕地非农化、经济和人口的重心变化相关性分析

虽然耕地非农化重心和经济、人口的重心存在一定的偏移距离，但是为了分析他们之间的关系，本书用 sas 分别做了他们的经度和纬度的相关性分析，得到两两的 pearson 相关系数，具体见表 4.3。

表 4.3　　　武汉市耕地非农化重心与经济、人口重心的相关性

	项　目	经济重心	人口重心	耕地非农化重心
经度	经济重心	1		
	人口重心	0.714	1	
	耕地非农化重心	0.924 *	0.658	1
纬度	经济重心	1		
	人口重心	0.977 **	1	
	耕地非农化重心	0.897 *	0.967 **	1

注：① ** 、* 分别代表显著性水平为 5% 和 10% 。
②笔者根据软件计算结果自绘。

从表 4.3 中可以看到，在经度和纬度上耕地非农化与经济都是正相关（0.924，0.897），耕地非农化与人口也是正相关（0.658，0.967），经济和人口也是正相关（0.714，0.977）。从经纬度的相关系数大小和显著性综合来看，耕地非农化与经济的正相关关系比较明显，其次是经济和人口之间的正相关，相关性最小的是耕地非农化与人口之间的关系。需要说明的是，耕地非农化、经济和人口三者之间的两两相关系数并未全部通过显著性检验，本书认为未通过显著性检验的原因是样本量太小，但相关系数的大小仍能从一定程度上表明他们之间的相关关系。

4.4　本章小结

武汉市的耕地资源丰度存在空间分布非均衡状况，在耕地非农化利用上也是非均衡发展的，城市的耕地非农化过程遵循从中心到外围的过程，靠近城市中心的耕地非农化的速度高于远离城市中心的，本章对武汉市耕地非农化过程进行了空间统计和制图分析，实现了耕地非农化在空间非均衡上的可视化，并提高了耕地非农化区域非均衡图形的可读性，得到的主要结论如下：

（1）武汉市是一个典型的单中心城市。武汉市的耕地非农化在 1990~2011 年间是不均衡发展的，但是从耕地非农化的洛仑兹曲线图和据此计算出的基尼系数表明这种不均衡程度 1990~2011 年是在持续减缓的。

（2）通过绘制基于耕地非农化速度分级的耕地非农化重心曲线并分析表明，耕地非农化速度快的点到速度慢的点的密度基本符合逐步降低的趋势，这说明基于耕地非农化速度分级的耕地非农化重心曲线在空间分布上遵循了一定的衰减法则；武汉市的耕地非农化速度从快到慢的点从空间分布上看呈现出由中心向外围扩张的特点，这说明武汉市的耕地非农化过程还是围绕着城市核心区在进行。

（3）武汉市耕地非农化的空间扩散路径在南北向是先向北，转而向南又复向北；在东西向是先向西然后向东，在图形上显示一个回旋状，耕地非农化的重心与几何中心间有一个远离又靠近的过程，说明武汉市的耕地非农化在空间上还是以武汉中心城区为核心在进行。另外武汉市耕地非农化与经济、人口之间虽然存在一定的不均衡，但是从重心变化曲线的形状和重心经纬度的相关系数可以看出三者之间还是存在一定的相关性，并且耕地非农化与经济的相关性大于和人口的相关性。

总体来说，耕地非农化的空间洛仑兹曲线和基尼系数直观地反映出武汉市耕地非农化的非均衡发展状况，绘制基于速度分级的耕地非农化重心曲线，是对乡镇级别的耕地非农化速度信息所进行的数据挖掘，更是实现了耕地非农化在空间非均衡上的可视化。本书还绘制了耕地非农化的空间扩散路径和经济、人口的重心变化曲线并分析它们的重心在空间上的偏移距离和变化的相关性，表明武汉市的耕地非农化和经济、人口之间虽然有偏移但是也存在一定的相关性，武汉市的耕地非农化在空间上还是有序发展的，并非和经济、人口毫不相关，需要指出的是，由于本研究中相关性分析的样本年份有限，所以其可靠性还有待进一步验证，但相关系数仍具有一定的参考性。

5　武汉市耕地非农化的空间
自相关格局分析

探索性数据分析是在一组数据中寻求重要信息的过程，由于探索性数据分析无须借助先验的理论或假设，所以是空间数据分析的基础，在进行探索性空间数据分析过程中可以检查数据的空间分布、查找全局异常值或局部异常值、检查数据的全局趋势和局部变化、检查数据的空间自相关情况。本章的工作就是对武汉市1990～2011年耕地非农化的空间数据的一种探索性分析。

5.1　引言

虽然耕地分布在空间上具有非均衡性，但耕地非农化的空间分布存在很多不确定性，人类经济活动对耕地非农化的影响较为明显，已有大量研究表明区域经济和人口存在空间自相关和空间聚集性（刘涛等，2012；杜国明等，2007），但是耕地非农化的空间依赖性和异质性的探讨则相对不足，有待进一步深入，而利用地理学中的空间分析对耕地非农化的空间特性和空间格局进行研究是一种有益的尝试。

空间分析是对空间数据的一种探索式分析，随着地统计学和空间计量经济学的发展，空间分析逐步成为自然、社会和经济分析中研究事物空间关系的重要方法。空间自相关分析方法广泛地应用于生态（Betts et al.，

2007)、生物（祁彩虹等，2011）、环境（赵小风等，2009）、区域经济
（杨杨等，2011）和土地利用（Overmars et al.，2003；高凯等，2010）等
方面，通过空间自相关分析可以帮助研究者了解研究对象的空间分布模式，
但对于有些研究对象而言，仅了解空间分布模式是不够的，研究者还需要
在了解空间分布模式的基础上了解研究对象空间自相关的热点区（hotspots）
和空间变化趋势，以对资源进行合理的配置，最终达到保护资源和提高资
源使用效率的目的。

自 1996 年我国进入城镇化加速发展阶段后，高速的土地城镇化伴随的
是大规模的耕地非农化，耕地非农化低成本和高收益的结果使土地城镇化
速度过快，从而逐步引发城镇土地利用不集约、人口城镇化相对滞后、城
市公共服务配套设施匮乏等问题，这些问题的出现是我国在过去城镇化进
程中过分强调规模而忽视质量的结果，也正是由于这些问题的逐步出现，
我国在 2014 年提出了以提升城镇化质量为核心的《国家新型城镇化规划
（2014~2020 年）》。考虑到耕地的公共物品属性，要控制城镇化进程中的
规模问题，需要对耕地非农化作空间分析和热点分析，以掌握耕地非农化
的空间特性，并根据区域经济发展和城镇化发展的需要制订资源合理配置
和管制的方案。

耕地非农化与经济发展和城镇化密切相关，过去对于耕地非农化空间
关系的研究主要是大尺度的，对乡镇及以下尺度上的研究则不深入，在大
尺度上的研究结果往往会由于尺度效应损失一些空间关系的信息，难以解
释空间聚集发生的原因。过去为了保护耕地资源，对耕地非农化进行了严
格的控制，但不加区分的管制往往会引起市场失灵，导致管制效果不佳。
中国的五级土地利用规划体系中尺度最小的是乡镇级别，故而本章基于乡
镇级别的耕地非农化数据对武汉市 1990~2011 年的四个时期耕地非农化的
空间关系进行了分析，掌握耕地非农化的空间自相关格局，根据耕地非农
化的热点地区的迁移合理判断出耕地非农化的趋势，确定出需要重点和优
先管制的地区，这对提升耕地非农化管制效果、实现科学合理的耕地空间
布局具有十分积极的意义。

5.2 研究方法

5.2.1 空间相邻与权重矩阵

空间自相关分析关键是要计算空间权重矩阵（spatial weights matrix），空间权重矩阵可根据研究单元的距离（distance）或相邻关系（contiguity）来确定，而认定空间相邻的方法有 rook 准则、bishops 准则和 queens 准则，其中 rook 准则是指两个研究单元在空间上有边线重合，bishops 准则是指有点重合，queens 准则是边线或点重合，三种准则的差别具体见图 5.1，使用何种方式定义空间相邻需要依据实际情况来选择（Sawada，2004）。本研究以乡镇级的行政区划为研究单元，乡镇区划基本都是不规则的空间单元，根据乡镇行政区划的空间分布状况和形状，本研究选择使用 rook 准则来计算空间权重矩阵。

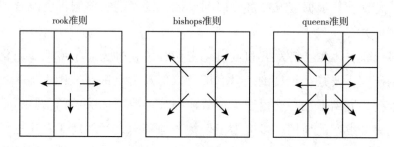

图 5.1　空间相邻界定准则示意

注：笔者自绘。

5.2.2 全局空间自相关

莫兰（Moran）最早提出空间自相关的测量方式，其目的是为了研究空间中两个或多个单元的分布情况，现在 Moran's I 被广泛地应用在空间自相关的研究上（Moran，1950）。Moran's I 是目前最常用的全局空间自相关指数，其计算公式为：

$$I = \frac{n}{\displaystyle\sum_{i=1}^{n}\sum_{j=1}^{n}W_{ij}} \times \frac{\displaystyle\sum_{i=1}^{n}\sum_{j=1}^{n}W_{ij}(x_i - \bar{x})(x_j - \bar{x})}{\displaystyle\sum_{i=1}^{n}(x_i - \bar{x})} \qquad (5.1)$$

其中 n 为研究区域内空间单元的总数，x_i 和 x_j 分别是空间单元 i 和 j 的观测值，n 个空间单元观测值的均值为 $\bar{x}$，W 是研究范围内每一个空间单元 i 和 j 的空间权重矩阵，i 与 j 相邻时权重为 1，不相邻时权重为 0。$x_i - \bar{x}$ 和 $x_j - \bar{x}$ 分别为空间单元 i 与 j 的观测值的离均差，当离均差的乘积之和为正时，表示相邻地区具有相似的观测值，若离均差的乘积之和为负，表示相邻地区具有相反的观测值。

　　Moran's I 指数的变化范围为（-1，1）。$I > 0$ 表示正的空间自相关，即研究对象在空间上有聚集现象，且 I 值越高表示空间分布的相关性越强；$I < 0$ 表示负的空间自相关，即研究对象在空间上呈现高低间隔分布即空间离散的现象；当 I 趋于 0 时表示研究对象在空间呈随机分布。空间自相关的显著性通过服从正态分布的统计量 Z 来检验，在 5% 显著水平下，$Z > 1.96$ 表示在研究区内研究对象存在显著的空间正相关；$Z < -1.96$ 表示在研究区内研究对象存在显著的空间负相关；当 Z 的取值范围为（-1.96，1.96）则表示研究区内研究对象没有显著的空间关联性。

5.2.3　局部空间自相关

　　全局空间自相关指数可以判断区域内某一属性观测值的整体关联程度，但无法明确地指出发生空间聚集的具体位置（spatial hot spots），由于空间异质性的存在，在整个研究区内具有不同的空间自相关是可能的，即，在同一研究区内某些位置上出现空间正相关的同时，其他位置上可能出现空间负相关。为了研究同一研究区内发生空间聚集的具体位置，安瑟兰

（1995）提出了局部空间自相关的研究方法 LISA（local indicators of spatial association），并定义局部 Moran's I 如下：

$$I_i = \frac{(x_i - \bar{x})}{s_x^2} \sum_j \left[w_{ij}(x_j - \bar{x}) \right] \tag{5.2}$$

$$s_x^2 = \sum_j (x_j - \bar{x})^2 / n \tag{5.3}$$

其中 s_x^2 是方差，正的 I_i 表示一个高值被高值所包围（高—高），或者是一个低值被低值所包围（低—低）；负的 I_i 表示一个低值被高值所包围（低—高），或者是一个高值被低值所包围（高—低）。通过局部 Moran's I 可以知道空间聚集或离散发生的具体位置，在实际应用中比全局 Moran's I 更有政策指导意义。

5.3 武汉市耕地非农化的空间自相关分析

5.3.1 武汉市耕地非农化的总体状况

1990~2011 年是武汉市经济建设的快速时期，城镇化和工业化进程不断推进的同时伴随的是大量的耕地转为非农建设用地，每年耕地减少面积与建设用地占用耕地面积的状况如图 5.2 所示。

从图 5.2 中可以看到，武汉市 1990~2011 年的年内耕地减少量呈现上下波动的状态，并没有呈现持续上升、下降或者整体上升、下降的趋势，而建设用地占用耕地面积则呈现缓慢地波动式上升的趋势，在二者的起伏趋势相对一致的情况下，建设用地占用耕地的面积在年内耕地减少面积中所占比例有逐年上升的趋势。从图 5.2 可以看出，武汉市历年的全市耕地非农化的数量变化趋势和其与耕地减少总量之间的关系，但是若需要揭示武汉市各个乡镇之间耕地非农化的空间特性，还需进一步研究。

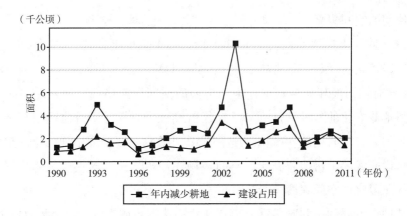

图 5.2　武汉市 1990～2011 年耕地减少与建设用地占用状况

注：数据来源于 1991～2012 年的《武汉统计年鉴》；本图由笔者计算、自绘。

5.3.2　全局空间自相关分析

为研究武汉市 1990～2011 年各个乡镇耕地非农化的空间关系，首先对武汉市耕地非农化作全局自相关分析，表 5.1 是武汉市 1990～2011 年间四个阶段武汉市耕地非农化的全局自相关情况。

表 5.1　　　　武汉市 1990～2011 年耕地非农化的全局空间自相关

年份	Global Moran's I	Z-score	p-value
1990～1995	0.1207	2.7288	0.0064
1995～2000	0.2802	4.9388	0.0000
2000～2005	0.3124	5.0302	0.0000
2005～2011	0.2203	3.5889	0.0003

注：数据来源于中科院资源环境数据中心、武汉市规划研究院，本表由笔者计算、自绘。

从表 5.1 中的数据可以看出：

（1）在四个阶段内，武汉市耕地非农化的 Global Moran's I 均为正值，正态分布的假设上，对 Moran's I 检验的结果也均显著，这说明武汉市耕地非农化在近二十年间都表现为正的空间自相关，一直呈现聚集分布的空间格局，也就是说武汉市各乡镇的耕地非农化的发生并非表现出随机性，而是表现出相似值间的空间集聚。

（2）武汉市耕地非农化的 Global Moran's I 呈现出先上升再下降的趋势。1990～1995 年武汉市耕地非农化的 Global Moran's I 的 p-value = 0.0064 > 0.001 没有达到极其显著水平，呈现出弱的空间聚集格局；2005～2011 年武汉市耕地非农化的 Global Moran's I 在经历过三个时期的上升之后出现下降的趋势，但后三个时期的 p-value 均达到极其显著水平，呈现出强的空间聚集格局，这说明武汉市耕地非农化的空间格局在经历了三个时期的空间集聚不断强化的阶段之后空间集聚开始转弱。

从城市发展的不同阶段看，2005 年之前武汉市城市发展以聚集效应为主，2005 年后城市发展的扩散效应初步显现。从区域发展政策看，在国家先后提出率先发展东部地区和西部大开发战略后，2004 年的中部崛起战略给中部六省带来发展机遇，随后 2007 年国务院批准武汉城市圈成为全国资源节约型和环境友好型社会建设综合配套改革试验区，这给作为武汉城市圈中心城市的武汉市带来了城市扩张的机遇，也暗含了巨大的耕地非农化需求。

根据全局自相关分析，可以对武汉市耕地非农化的整体空间格局有所把握，虽然得到了武汉市耕地非农化存在空间聚集现象的结论，但聚集发生在何处？局部地区是否存在负的空间自相关？这些问题均需要对武汉市耕地非农化作局部空间自相关分析才能回答。

5.3.3　局部空间自相关分析

为研究聚集发生的地区，本研究利用 GeoDA 中的局部空间自相关分析，绘制了反映耕地非农化的空间联系局部指标的武汉市 1990～2011 年不同年期的耕地非农化的 LISA（local indicators of spatial association）图（见图 5.3）。图中：HH 表示乡镇本身和其周围乡镇的耕地非农化水平都高；HL 表示乡镇本身耕地非农化水平高而其周围乡镇的耕地非农化水平低；LH 表示乡镇本身耕地非农化水平低但其周围乡镇的耕地非农化水平高；LL 表示乡镇本身和其周围乡镇的耕地非农化水平都低；NN 表示不存在显著的局部空间集聚现象。在研究武汉市的局部空间自相关过程中，通过 LISA 图可以从技术上得知武汉市各乡镇间耕地非农化水平的相关关系：无论某一乡镇自身的耕地非农化水平如何，只要周边乡镇的耕地非农化水平高（在 LISA 中为 HH 或 LH），说明该乡镇耕地非农化水平受到的影响主要来源于耕地非农化水平较高的乡镇；反之只要周边乡镇的耕地非农化水平低（在 LISA 中为 HL 或 LL），说明该乡镇耕地非农化水平受到的影响主要来源于耕地非农化水平较低的乡镇。如果武汉市内各乡镇的耕地非农化以 HH 或 LH 为主，则说明在武汉市是以耕地非农化水平较高的乡镇在主导着城市的耕地非农化过程，反之则是以耕地非农化水平较低的乡镇在主导城市耕地非农化过程。

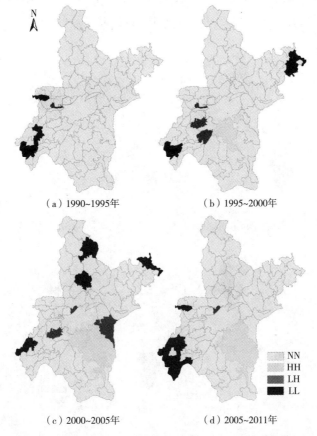

（a）1990~1995年　　　（b）1995~2000年

（c）2000~2005年　　　（d）2005~2011年

图5.3　武汉市 1990～2011 年耕地非农化的 LISA 聚集示意

注：①数据来源于中科院资源环境数据中心、武汉市规划研究院，本图由笔者计算、自绘。

②由于计算结果中没有 HL 型聚集，所以图中未标识。

从图中可以看出武汉市耕地非农化的 LL 区多发生在武汉市的外围区域内，四个年期中均未出现 HL 区，而 LH 和 HH 区出现在武汉市中心的东南部。

5.3.4 经典贝氏（EB）修正的局部自相关分析

武汉市是一个从中心向外围扩散发展的城市，加之武汉市内耕地资源分布并不均衡，用耕地非农化的绝对数量进行局部空间自相关分析可能存在一定的偏差，所以选取经典贝氏（empirical Bayes，EB）方法，以各乡镇的耕地存量对耕地非农化水平做出修正，再利用修正后的结果做局部空间自相关分析，更能反映实际情况，图5.4是经过 EB 方法修正后的 LISA 图。

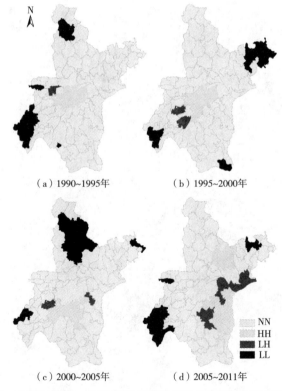

（a）1990~1995年 （b）1995~2000年

（c）2000~2005年 （d）2005~2011年

图 5.4 武汉市 1990~2011 年耕地非农化的 EB 修正 LISA 聚集示意

注：①数据来源于中科院资源环境数据中心、武汉市规划研究院，本图由笔者计算、自绘。
②由于计算结果中没有 HL 型聚集，所以图中未标识。

　　从通过 EB 方法修正过的 LISA 图中可以得到武汉市耕地非农化空间分布特征的更多信息。第一，从聚集发生的区位来看，LL 发生在武汉市的外围区域，而且有连片出现的特征；LH 和 HH 发生在武汉市的中部，并呈现从中心向东部迁移的趋势。这与武汉市的产业布局情况相符，说明耕地非农化热点区的出现在一定程度上受到产业布局的影响。另外与未经 EB 修正的耕地非农化的 LISA 图一样，HL 型聚集在四个时期均未出现。第二，从发生聚集的乡镇个数来看，前两个时期均为 13 个，2000～2005 年为 15 个，2005～2011 年为 19 个。这说明武汉市耕地非农化的局部集聚现象越来越明显，武汉市内各乡镇耕地非农化水平受到其周围乡镇耕地非农化水平的影响越来越大，局部聚集的乡镇个数持续增加意味耕地非农化的管控难度在持续增加。第三，从不同类型的聚集发生的比例来看，1990～1995 年和 1995～2000 年两个时期的 LL 和 LH + HH 的比例均为 9∶4，2000～2005 年的这一比例变为 8∶7，到了 2005～2011 年这一比例继续扩大达到 8∶11。这说明在武汉市耕地非农化过程中，起主导作用的由耕地非农化水平较低的乡镇逐步转化为耕地非农化水平较高的乡镇，在地方经济发展过程中一直以发展城镇为主，各乡镇为了吸引资金、发展地方产业，在耕地非农化上产生相互竞争，优先发展的地方如武汉市的中心城区在经济上取得成绩后产生"榜样"效应，即耕地非农化带来了经济和产业的快速发展，各乡镇在耕地非农化竞争中也形成了一个不良的示范效应，在这种竞争中实现的城镇化过分追求规模，而缺乏整体规划的耕地非农化势必会影响城镇化的质量。第四，从不同聚集类型间相互的转换看，相邻两期的耕地非农化局部聚集区只有 LH 向 HH 转化的，其余类型间的转换则不存在，这说明了 LH 型聚集有较大概率转为 HH 型聚集，从耕地资源保护的角度看，LH 是需要重点管制的地区。另外，在 LISA 图（见图 5.3）中的 HH 型聚集发生的地方就是武汉市耕地非农化的热点区域，从其发生地的变化可以看到，武汉市耕地非农化的热点区已经从武汉市中心区域逐步向外扩散到新城区中与中心城区相邻的乡镇，如黄陂区的南部和江夏区的北部，如果不加以管控，在城镇化过程中这种耕地非农化向外蔓延的趋势会更加强化。

　　图 5.5 是对应时期耕地非农化 EB 修正的局部自相关的散点图及各个象限对应的乡镇名称，从散点图的聚集情况看，有随着时间逐渐散开的趋势，这说明

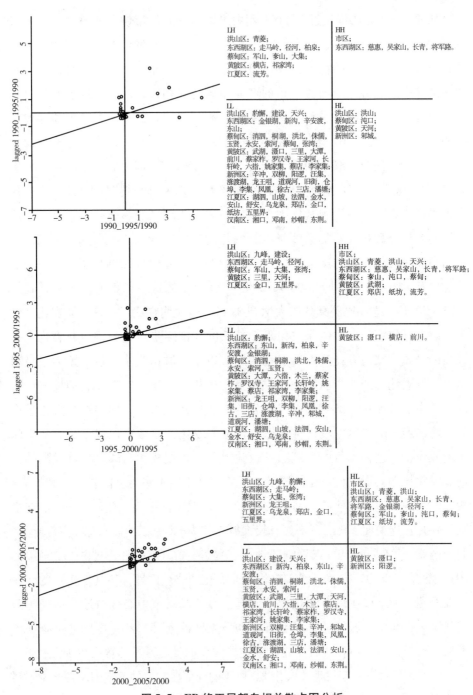

图 5.5　EB 修正局部自相关散点图分析

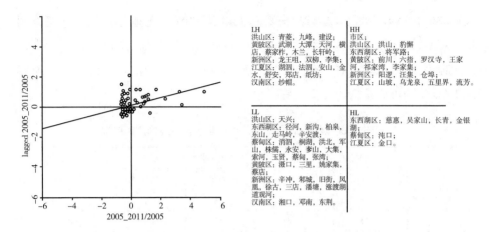

LH
洪山区：青菱，九峰，建设；
黄陂区：武湖，大潭，天河，横
店，蔡家咋，木兰，长轩岭；
新洲区：龙王咀，双柳，李集；
江夏区：湖泗，法泗，安山，金
水，舒安，郑店，纸坊；
汉南区：纱帽。

HH
市区；
洪山区：洪山，豹獬；
东西湖区：将军路；
黄陂区：前川，六指，罗汉寺，王家
河，祁家湾，李家集；
新洲区：阳逻，汪集，仓埠；
江夏区：山坡，乌龙泉，五里界，流芳。

LL
洪山区：天兴；
东西湖区：径河，新沟，柏泉，
东山，走马岭，辛安渡；
蔡甸区：消泗，桐湖，洪北，军
山，株儒，永安，奓山，大集，
索河，玉贤，蔡甸，张湾，
黄陂区：滠口，三里，姚家集，
蔡店；
新洲区：辛冲，邾城，旧街，凤
凰，徐古，三店，潘塘，涨渡湖
道观河；
汉南区：湘口，邓南，东荆。

HL
东西湖区：慈惠，吴家山，长青，金银
湖；
蔡甸区：沌口；
江夏区：金口。

续图 5.5　EB 修正局部自相关散点图分析

注：数据来源于中科院资源环境数据中心、武汉市规划研究院，本图由笔者计算、自绘。

各个乡镇耕地非农化水平的差异在逐步增加。从四个象限中各乡镇的分布看：落在第一象限即 HH 型的乡镇数量逐年增加，同时，通过显著性检验的乡镇数量也逐年增加，且从通过显著性检验的乡镇来源看，主要是由上一时期落在 HH 界内和 LH 界内的乡镇为主，HH 型聚集的乡镇有连续出现的倾向；落在第二象限即 LH 型的乡镇在各时期的数量相对稳定，但通过显著性检验的乡镇个数却逐年增加，这与通过检验的 HH 型乡镇数量的变化趋势相同，这进一步证明武汉市耕地非农化较快的乡镇在地区耕地非农化过程中的作用在逐步加强，也说明了 LH 型聚集与 HH 型聚集的变化趋势相对一致；落在第三象限即 LL 型的乡镇数量在逐年减少，但通过显著性检验的乡镇数量变化不大，说明自身低—周围低的乡镇在武汉市仍有相当的影响，即使在耕地非农化较快的乡镇在耕地非农化中起主导作用时期，LL 型聚集在数量上仍占有一定数量，说明武汉市耕地非农化较慢的地区间的相互影响作用仍较强，从耕地保护角度看，连片的离耕地非农化热点区较远的乡镇耕地保护难度较小；落在第四象限即 HL 型的乡镇一直不多，持续或反复出现的乡镇也没有，且都不显著。

　　为判断这种全局和局部空间聚集状态变化中土地利用质量，本研究计算了相关年份的人口非农化率、土地非农化率和地均产值，具体见表 5.2。其中

人口非农化率 = 户籍非农人口/户籍总人口 × 100%；土地非农化率 = 建设用地面积/武汉市辖区陆地面积 × 100%；地均产值是将二三产业产值平均到建设用地面积上，其中二三产业产值已分别根据二三产业的生产总值指数换算成 1990 年的可比价格。

表 5.2   武汉市相关年份人口非农化、土地非农化与地均产值概况

年份	人口非农化率（%）		土地非农化率（%）		地均产值（万元/平方公里）
	绝对值	增量	绝对值	增量	
1990	55.91		8.11		
1995	57.28	1.37	9.12	1.01	3985.47
2000	58.88	1.60	9.76	0.64	3990.91
2005	62.78	3.90	11.67	1.91	3360.64
2011	66.07	3.29	17.12	5.44	3405.34

注：人口数据来源于 1991~2012 年的《武汉统计年鉴》，土地利用数据来源于中科院资源环境数据中心、武汉市规划研究院。本表由笔者计算、自绘。

相匹配的人口非农化速度和土地非农化速度是健康稳定的城镇化发展的重要指标，土地非农化速度过快说明在城镇化发展过程中以发展规模为主，这会引发土地利用不够节约集约、土地资源过度消耗、环境破坏、城乡居民分割等一系列问题。从表 5.2 中看到，五个时点的人口非农化率和土地非农化率的绝对值均是不断上升的，这说明武汉市的经济发展和城镇化建设在过去二十年间整体稳定。但从增量看，前三个时期都是人口非农化率的增量大于土地非农化率的增量，最后一个时期则出现逆转，即土地非农化率的增量远远高于人口非农化率的增量。这与耕地非农化的全局空间自相关的阶段性特征具有高契合度。表 5.2 中列出了文中四个时期的时期末时点上建设用地的地均产值，可以看到前两个时期地均产值比较稳定的在 4000 万元/平方公里左右，而后两期出现较大幅度下降，均不足 3500 万元/平方公里。这说明过快的土地非农化可能引发土地粗放式开发，在大兴建设的同时产生一种日渐繁荣的景象，但实际土地利用效益较之土地非农化速度较慢的时期差。故而在土地非农化过快时期，加强土地集约利用、管理粗放式低效率的土地开发项目是土地管理工作的重点。

5.3.5   耕地非农化的热点区迁移路径分析

从图 5.4 中可以看到四个时期耕地非农化的聚集区域的变动情况，为了提出更有针对性的耕地利用管理策略，需要对耕地非农化的空间分布趋势做出判断，在耕地非农化局部空间自相关分析的基础上，可以通过观察不同时期各种耕地非农化聚集类型的空间迁移路径来预判其未来的移动趋势。具体做法是：计算出每个时期不同聚集类型（HH、LH 和 LL）的重心，再将相同聚集类型的重心根据时间前后连接起来则为其移动路径，具体见图 5.6。

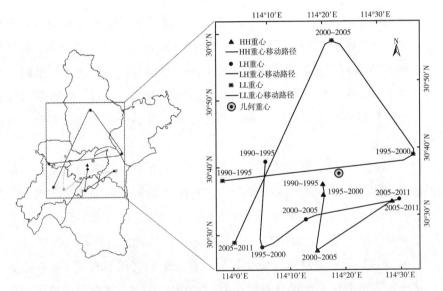

图 5.6   武汉市 1990～2011 年耕地非农化的空间集聚区重心移动路径

注：数据来源于中科院资源环境数据中心、武汉市规划研究院，本图由笔者计算、自绘。

从图 5.6 中可以看到：

（1）空间集聚类型 LH 和 HH 具有相似的重心移动路径，并且都处于武汉市几何中心的南方；从趋势来看都经历一个在南北方向上向南再向北，在东西方向上向东移动的过程；在南北方向的移动趋势上看，由于向南移动得陡峭而向北方向移动得较平缓，故而综合来看未来一个时期武汉市耕地非农化的 LH 和 HH 的重心预计仍出现在武汉市几何中心的东南方。

（2）空间集聚类型 LL 在不同时期的重心移动路径类似于一个回旋状，重心经历了一个向东北、东南再向西南方向移动的过程，结合图 5.4 中 LL 发生的具体位置看，未来一个时期武汉市耕地非农化的 LL 集聚基本仍会出现在武汉市的北边（黄陂区）、东北角（新洲区）和西南角（蔡甸区）；综合判断，下一时期 LL 型聚集的重心预计继续出现在武汉市几何重心的西边。

5.4　本章小结

本章利用空间自相关分析，对武汉市乡镇级别的耕地非农化的空间自相关性和空间格局的演变进行了研究，计算不同年期的空间自相关值，并借由 LISA 图直观地表现了武汉市耕地非农化的局部空间自相关，通过对空间自相关的变化了解武汉市耕地非农化的空间分布状态与变迁过程，明确耕地非农化局部空间自相关中不同类型聚集的重心在空间上的分布和变化路径，具体得到如下结论：

（1）武汉市耕地非农化的发生地区在空间上并不是随机的，而是呈现出相似值间彼此集聚的现象。武汉市 1990～2011 年的四个时期耕地非农化呈现出显著的空间聚集，但根据 Moran's I 值的变化可知，这种聚集强度经过三个时期不断强化的阶段后，在 2005～2011 年这个阶段开始有转弱的趋势。

（2）通过用各乡镇耕地非农化存量对耕地非农化流量做出 EB 修正后得到的武汉市耕地非农化局部空间自相关 LISA 图表明，在武汉市全市范围内的耕地非农化水平存在 LL、LH 和 HH 三种类型的空间聚集。其中 LL 型聚集在各个时期均发生在武汉市的外围区域，也即远城区内（黄陂区、新洲区和蔡甸区等）；而 LH 型和 HH 型聚集通常相伴出现且多出现在区域的中心，且 LH 型聚集是潜在的 HH 型，也是土地利用管制中需要优先管制的地区。在武汉市耕地非农化过程中，1990～2005 年起主导作用的是耕地非农化水平较低的乡镇，而在 2005～2011 年这一时期则转变为耕地非农化水平较高的乡镇起主导作用，这说明在武汉市耕地非农化过程中耕地非农化水平较高的乡镇在整个区域中的影响力越来越大，在地方政府主导的地方经济发展过程中，由于比较利益和耕地非农化竞争中的攀比效应，耕地资源的管控难度不断增加，故而在耕地的管理利用过程中，可以根据管理目的调整土地利用政策以引导和控制地区耕地非农化过程。

（3）通过对局部空间自相关分析中得到的不同聚集类型（LL 型、LH 型和 HH 型）分别作重心迁移路径图，可以看到 LH 型和 HH 型聚集在空间上具有相似的 V 形移动轨迹，而 LL 型聚集在空间上的移动轨迹呈现回旋状。根据三种聚集类型的重心移动路径可以预估在下一个时期 LH 型和 HH 型聚集的重心仍出现在武汉市几何中心的东南方，而 LL 型重心则较大可能出现在西部。

空间自相关分析和热点分析是了解耕地非农化的空间特征和空间分布格局的有效方法，但这种方法的应用仍有许多需要予以进一步探讨的问题。首先，采用不同的方法确定空间权重矩阵对研究结果的影响如何。本章选择邻近关系来确定用于空间自相关分析的空间权重矩阵，但若要做进一步研究，可以使用不同方法（如基于距离确定）生成的空间权重矩阵进行空间自相关分析作对比分析，以检验本章结果的稳健。其次，空间尺度的变化会对研究结果产生怎样的影响。由于现行的土地利用规划中乡镇规划是最基本的级别，也就是说土地利用的决策和执行的最小行政单位是乡镇，所以本章选取乡镇作为空间自相关分析的基本单元，但大量研究（闵捷等，2008；摆万奇等，2009；崔步礼等，2009）指出土地利用过程中存在空间尺度效应。若做不同尺度下耕地非农化的空间自相关分析，比如以省（自治区、直辖市）为基本研究单元或以市级行政区为基本研究单元，得到的结果可用于不同管理层面的决策。做小尺度的空间自相关分析侧重的是一种自下而上的土地利用模式，而做大尺度的则侧重于一种自上而下的土地利用模式，选择何种尺度主要取决于做空间自相关分析的目的，不同尺度的分析结果是否具有一致性，尺度的变化如何影响耕地非农化的结果是需要进一步研究探讨的。最后，时间尺度对研究结果产生的影响。本章选取的是 1990 年、1995 年、2000 年、2005 年和 2011 年的土地利用现状数据，也即进行空间自相关分析的时间单位是 5 年为一个时期，严祥等（2010）指出虽然没有文献专门探讨时间尺度的不同对研究结果的影响，但时间尺度的不同就如空间尺度的不同会导致研究结果不同一样，本章在栅格数据的基础上选择 5 年为时间尺度，若要进一步研究，可以通过统计数据选择 1 年为时间尺度进行对比研究。

虽然耕地非农化存在许多不确定性，而空间分析亦存在时间和空间尺度的问题，但本章所完成的工作仍不失为一种有益的尝试。研究区域武汉市地势整体平坦，农业耕种条件良好，城市整体经济处于快速发展时期，土地需求旺盛，是中国中部平原城市的典型代表。对于快速城镇化发展阶段的城市，根据耕地非农化的空间自相关分析的结果，可以针对城市发展过程中耕地管理目的对地区耕地资源的利用进行政策引导、调控和管制。总体来说，耕地非农化的全局空间自相关分析可以反映地区内耕地非农化的发生是否存在空间聚集性，以及耕地非农化的空间聚集强度在时间尺度上如何变化；EB 修正的局部空间自相关 LISA 图则可以反映各个时期耕地非农化聚集区发生的具体位置，并且还可以得到不同类型的空间聚集（LL 型、LH 型和 HH 型）在空间上的分布状态，在同一时期内根据不同类型的空间聚集发生的比例可以判断在地区耕地非农化中起主导作用的是耕地非农化水平较高的乡镇还是较低的乡镇；本章还绘制了武汉市 1990～2011 年间四个时期耕地非农化的不同聚集类型的重心移动路径图，并根据重心移动的路径对下一时期武汉市耕地非农化的不同类型空间聚集区的重心做出了预估。本章所做的工作和分析出的结果可以直观地反映武汉市耕地非农化的空间特性，土地管理部门可以根据这些空间特性对区域内的土地进行用途管制，以满足经济发展和新型城镇化建设的需要，协调好城市建设和耕地资源保护间的关系。

6 武汉市耕地非农化的驱动力及其空间异质性分析

6.1 引言

耕地非农化是土地利用过程中各种驱动因素综合作用的结果，研究耕地非农化的驱动力可以找出耕地数量减少的原因，并分析各类驱动要素的作用机制。由于在保护耕地、调整用地结构和促进耕地资源可持续利用等方面的重要意义，20世纪90年代以来，学术界对耕地非农化的驱动力展开了广泛的研究。根据第1章耕地非农化驱动力的文献回顾和梳理，耕地非农化驱动力的相关研究大部分在全国、区域、省级或市级等大尺度上开展，而实际上耕地非农化是耕地使用者在比较耕地和建设用地收益后所做的土地用途变更决策，所以说农户家庭才是决策耕地是否非农化的最基本单元。据《中国统计年鉴2018》，中国现有20.24亿亩耕地、农村人口57661万、平均每户人口3.03人，据此推算出中国农户的户均耕地拥有量为10.62亩，耕地非农化基本单元的数量级更大程度上接近农户家庭的户均耕地拥有量，选择全国、省级或市级等大尺度的数据做耕地非农化的研究虽然可以掌握区域耕地变化的基本情况和趋势，但对比起地块尺度来说，研究结果会比较粗糙，得到的政策启示可能存在一定的偏差。事实上小尺度的耕地非农化驱动力研究明显更贴近耕地非农化的实际情况，但受到数据获取和模型求解技术的限制，相关的研究成果较少。

鉴于现有相关研究存在的不足，本章以武汉市耕地非农化的驱动力为研究对象，基于 2000 年和 2011 年地块尺度的土地利用分类数据和各类微观数据，首先将空间效应作为驱动因素估计全局 logistic 回归模型的参数，在此基础上剔除不显著的驱动力后再估计地理加权 logistic 回归模型的参数，通过比较两个模型的参数和回归模型的解释能力，首先验证在耕地非农化过程中是否存在空间依赖性和空间异质性，然后在此基础上根据地理加权 logistic 模型的参数估计结果归纳耕地非农化驱动力空间异质性的分布规律，最后分类分析这种空间分布规律产生的原因，以期为差异化土地管理政策提供方法和理论上的参考。2000 ~ 2011 年武汉市耕地非农化的空间分布如图 6.1 所示，这也是本章实证模型的因变量。

图 6.1　2000 ~ 2011 年武汉市耕地非农化空间分布示意

注：数据来源于中科院资源环境数据中心、武汉市规划研究院，本图由笔者自绘。

6.2 研究方法和模型建立

6.2.1 全局 logistic 回归模型

假设 p_i 是耕地非农化的概率，logistic 回归模型设定形式如下：

$$p_i = \frac{\exp(\beta_0 + \sum_{n=1}^{n}\beta_n x_{ni})}{1 + \exp(\beta_0 + \sum_{n=1}^{n}\beta_n x_{ni})} \tag{6.1}$$

其中 β_0 为模型的常数项，x_{1i} 是 $m \times 1$ 的单位向量，x_{ni} 是耕地地块 i 的驱动因素，β_1，$\cdots$，β_n 是耕地非农化概率的弹性系数，β_i 表示耕地非农化的第 i 个驱动力变化1%引起耕地非农化概率变化 $\beta_i\%$，可将式（6.1）中对应的 p_i 定义为自变量的线性函数，形式如下：

$$\begin{aligned}
\mathrm{logit}(p_i) &= \log\left(\frac{p_i}{1-p_i}\right) \\
&= \beta_0 + \sum_{n=1}^{n}\beta_n x_{ni}
\end{aligned} \tag{6.2}$$

该模型的自变量包括耕地地块的高程、坡度、环境可及性、宏观经济特征和政策影响效果等，也考虑到了耕地地块间的空间依赖效应和建设用地对耕地非农化的外溢效应。

6.2.2 地理加权 logistic 回归模型

地理加权 logistic 回归（geographically weighted logistic regression）模型是扩展的 logistic 回归模型，地理加权 logistic 回归模型设定形式如下：

$$\begin{aligned}
\mathrm{logit}(p_i) &= \log\left(\frac{p_i}{1-p_i}\right) \\
&= \beta_0(u_i, v_i) + \sum_{n=1}^{n}\beta_n(u_i, v_i)x_{ni} + \varepsilon_i
\end{aligned} \tag{6.3}$$

其中 $\beta_0(u_i, v_i)$ 为模型的常数项，$\beta_n(u_i, v_i)$ 为第 i 个地块耕地非农化的弹性系数，ε_i 是随机误差项。在变量选择方面，勒萨热（LeSage，1999）指出 GWR 模型能够控制空间依赖效应，所以这个模型的自变量包括除了地块空间依赖效应之外地块的其他微观特征。

地理加权模型的一个重点是用确定的加权函数来估计局部模型的参数，在局部参数估计过程中通常基于离观测点越近的样本对观测点的影响越大的假设而使用距离函数来定义权重，本研究使用的是福瑟林厄姆等（Fothering-ham et al.，2003）提出的高斯函数来确定权重：

$$W_{ij} = e^{-\left(\frac{d_{ij}}{b}\right)^2} \tag{6.4}$$

其中 b 是带宽，根据权重公式可知，带宽越大距离变化对权重的影响越慢，当带宽趋于无限大的时候所有研究点的权重就都趋于 1，反之带宽越小距离变化对权重的影响就越快。本研究使用克利夫兰（Cleveland，1979）提出的交叉验证方法（cross-validation），该方法主要用于局域回归分析，根据回归点周围的数据点进行回归，把不同带宽 b 和它对应的 CV 值绘制成趋势线，就可以找到最小 CV 值对应的最优带宽 b，其公式如下：

$$CV = \frac{1}{n} \sum_{i=1}^{n} \left[y_i - \hat{y}_{\neq i}(b) \right]^2 \tag{6.5}$$

6.2.3 系统抽样方法

为了检验全局 logistic 模型和地理加权 logistic 模型的预测效果，研究将总体样本随机分为三组，一组用于估计全局 logistic 模型，一组用于估计地理加权 logistic 模型，一组用于比较两种方法的准确性。由于数据源是 100m × 100m 的格网数据，所以样本母体称得上是海量数据，本章用每组数据系统抽样的结果来估计模型回归参数，以此提高软件运行效率。系统抽样（systemat-ic sampling）是首先将总体中各单位按一定顺序排列，根据样本容量要求确定抽选间隔，然后随机确定起点，每隔一定的间隔抽取一个单位的一种抽样方式。系统抽样兼具随机抽样与非随机抽样的设计的特点，是一种混合抽样设计。系统抽样的样本量确定公式如下：

$$n = \frac{N \times p \times (1-p)}{(N-1) \times \dfrac{B^2}{4} + p \times (1-p)} \qquad (6.6)$$

其中 n 为抽样数量，N 为样本总量，B 为可接受误差范围，在抽样样本是随机分布的情况下一般取 $p = 0.5$。经计算，针对每组数据在 1% 可接受误差范围和 95% 置信区间下最小样本量为 8922，故本章最后选取 9000 为每组的抽样容量。

6.3 变量选择及说明

耕地是否转化为非农建设用地受到诸多因素的影响，本章根据已有研究（Irwin et al.，2002）将驱动力主要分为地块特征、环境和设施可及性、地块的社会经济特征和土地政策几个方面。在局部空间内，相邻耕地在地块特征上的相似性会造成耕地非农化过程中存在空间依赖效应，另外耕地非农化概率还会受到邻近建设用地溢出效应的影响，为了反映这种空间依赖效应和空间溢出效应的作用，本章将地块的空间依赖效应和空间溢出效应也纳入耕地非农化驱动力的考量。所以本章初步选取 15 个变量，其具体含义见表 6.1。

表 6.1　　　　　　　　　　模型变量及描述

因素	解释变量	变量描述	变量类型
地块特征	ht	高程	连续变量
	sl	坡度	连续变量
空间效应	s_f	地块周围耕地比例	连续变量
	s_c	地块周围建设用地比例	连续变量
环境及设施可及性	d_lk	离最近湖泊距离	连续变量
	d_rv	离最近河流距离	连续变量
	d_rail	离最近铁路距离	连续变量
	d_road	离最近公路距离	连续变量

续表

因素	解释变量	变量描述	变量类型
环境及设施可及性	d_gr	离最近绿地距离	连续变量
	d_sch	离最近中小学校距离	连续变量
	d_uni	离最近高校距离	连续变量
地块的社会经济特征	GDP	地均 GDP	连续变量
	POP	人口密度	连续变量
公共政策	p_p	是否在基本农田规划区	离散变量
	p_c	是否在规划建设用地范围	离散变量

注：此表由笔者整理、自绘。

B. 周等（Zhou et al.，2008）在测试土地利用变化所受的邻域影响时将800米（0.5英里）作为分界点，故本章在计算地块周围耕地和地块周围建设用地比例两个变量时，是以一个格网的地块为中心，计算其800米圆形范围内耕地或建设用地的比例。

另外，由于 ArcGIS 不能直接进行地理加权 logistic 分析，加之本章为了比对模型的效果而将数据分为三组并对每一组进行了抽样处理，所以本章的处理方法是从 ArcGIS 中导出 ASCⅡ格式的文本数据，相关的自变量进行标准化处理后，在 Matlab 中进行编程计算，最后将结果再导入 ArcGIS 中以图形形式显示。本章在地理加权 logistic 模型编程过程中调用了勒萨热提供的 Matlab 空间计量工具箱①，全局 logistic 模型、地理加权 logistic 模型、抽样等程序的代码及相关说明见附录Ⅳ。

6.4 模型结果及分析

6.4.1 全局 logistic 回归模型的结果及分析

logistic 模型的结果如表6.2所示。模型一是对理论上有作用的全部变量

---

① 该工具箱的介绍和下载地址为 http：//www. spatial-econometrics. com/。

进行回归参数估计，模型二剔除模型一中未通过显著性检验的变量，对剩余变量进行回归后得到新的参数估计值。从模型一的结果可以看到，除了地块的微观特征（坡度和高程）和地块与绿地之间的距离对耕地非农化概率的影响不显著外，其余要素均对耕地非农化概率有显著影响；模型二剔除不显著因素后重新回归，模型的解释力没有下降，"是否在基本农田划定范围内"这个政策驱动力对耕地非农化概率的影响不再显著。虽然大量的研究表明坡度和高程是耕地非农化的重要驱动力，但在武汉市却表现为不显著，这可能是由于武汉市属于平原城市，地势起伏较小。模型二中"耕地是否在基本农田划定范围内"这个驱动力要素不能通过显著性检验，表明基本农田保护政策在武汉市的实施并没有取得显著效果，这与万胜超（2012）等研究得到的农地保护政策对农地非农化的控制效果并不明显的结论一致。

表 6.2 全局 logistic 回归模型参数估计结果

变量	模型一		模型二	
	系数	t 统计量	系数	t 统计量
常数项	− 0.1562	− 0.8453	− 0.1328	− 0.7206
s_f	− 0.9216 ***	− 4.9426	− 0.8875 ***	− 4.8158
s_c	2.6207 ***	4.7291	3.0884 ***	7.8072
ht	0.0015	0.5679		
sl	0.0029	0.8205		
d_lk	− 1.4987 ***	− 3.3399	− 1.5236 ***	− 3.4125
d_rv	0.7318 **	3.2399	0.7496 ***	3.3214
d_rail	0.0121 ***	3.7962	0.0116 ***	3.6571
d_road	0.0999 ***	3.5416	0.0970 ***	3.4530
d_gr	0.2647	1.2042		
d_sch	− 0.4968 *	− 2.4440	− 0.5096 *	− 2.5207
d_uni	− 3.3279 ***	− 8.4481	− 3.3055 ***	− 8.4554
gdp	− 0.9401 ***	− 4.3914	− 0.9185 ***	− 4.3153
pop	− 2.7777 ***	− 5.7917	− 2.8123 ***	− 5.8666
p_p	− 0.1636 *	− 2.0594	− 0.1500	− 1.9144
p_c	1.1924 ***	15.1242	1.2022 ***	15.2844
Adjusted R^2	0.2408		0.2408	

注：① *** 、 ** 、 * 分别代表显著性水平为 1%、5% 和 10%。
② 此表由笔者根据软件计算结果整理、自绘。

从模型二的结果看：

（1）反映空间效应的两个参数的系数估计结果均极其显著。相邻耕地间的空间依赖效应系数为负，表明若地块周围一定范围内耕地的比例越高，其本身发生非农化的概率越小；建设用地对耕地非农化有正的空间溢出效应，表明耕地地块周围一定范围内建设用地比例越高耕地发生非农化的概率也较高，原因是较高的建设用地比例意味着耕地地块周围的开发程度越高，配套基础设施可能越好，耕地非农化后进行再开发时能享受到较多的正外部效益。从两者的作用强度来看，建设用地的外溢效应要大于耕地自身的依赖效应。

（2）在各类具有显著影响的环境和设施可及性中，离最近湖泊、最近中小学校和最近高校距离为负向作用，其余为正向作用。从作用强度来看，耕地地块到最近的湖泊、最近的中小学校和最近的高校的距离每减少 1000 米，耕地转为非农建设用地的概率分别提高 0.0027、0.0117 和 0.0432；耕地到最近河流、最近的铁路、最近的公路的距离每增加 1000 米，耕地转为非农建设用地的概率分别提高 0.0023、0.0004 和 0.0115。交通便利性对于耕地非农化概率的负影响力达到显著效果，说明武汉市耕地转为非农建设用地并不是交通导向的，城市在扩张过程中存在一定的无序性，土地管理部门在做土地利用规划时应该结合交通规划做出适当的开发规划引导，才能提高城市整体的资源利用效率。教育设施的可及性能提高耕地非农化概率主要是由于教育产业能带动住宅、餐饮、零售等一系列相关产业的发展，从而引发对建设用地的需求。

（3）从地块社会经济特征的参数估计结果看，地均产值和人口密度对耕地非农化概率的作用力均为负向。耕地的地均产值较低时耕地反而有较高的非农化概率，从比较优势来看，若耕地地均产值较高，则其在维持耕地用途上有较大的优势，耕地地均产值每增加 1 万元/公顷，其非农化概率降低 0.0055；在每公顷耕地上的人口数越小的地块非农化概率反而越高，武汉市远城区的农民由于距离城市近而有较多进城务工的机会，农民在生计上对耕地的依赖度较小，农村人口外迁和务农人数减少引起的人口密度降低也是耕地非农化的重要影响因素。

（4）从两项公共政策的效果看，是否在规划建设用地范围内对耕地非农化有显著影响，但以耕地保护为出发点的基本农田政策却没有显著性效果。耕地保护制度的无效性，一方面可能是土地管理部门在划定基本农田范围时缺乏系统综合的考虑，仅以划定总量为主要考虑因素，致使有些位于变更诱因较强区位的耕地或非连片的耕地被划入基本农田范围，这类耕地在日后较容易发生土地用途变更；另一方面是基本农田保护制度在制度设计上存在缺位，国家基于粮食安全划定了基本农田保护区，保护区内基本农田使用者的财产权受到限制，制度中却没有对这种限制给予任何形式的补偿，那么基本农田的使用者在执行政策过程中缺乏诱因，其对耕地保护较低的意愿会影响政策的执行。

6.4.2　地理加权 logistic 回归模型的结果及分析

使用 CV 方法计算出地理加权 logistic 模型的最优带宽为 3.1623，表 6.3 是地理加权 logistic 模型的参数估计结果，模型的解释能力由全局 logistic 模型的 0.2408 提高到 0.4487，进一步说明耕地非农化驱动力的局部空间性。从模型自变量系数的四分位数可以看出各影响因素在空间上的作用力是非平稳的，但并不存在方向性差异。

表 6.3　　　　　　　　　地理加权 logistic 模型参数估计结果

变量	系数	t 统计量	25% 分位数	中位数	75% 分位数
常数项	− 1.2771 ***	228.0762	− 1.2556	− 1.2401	− 1.2283
d_lk	− 0.8419 ***	− 188.2267	− 0.9510	− 0.8775	− 0.7642
d_rv	1.6386 ***	171.4323	1.6696	1.6939	1.7224
d_rail	0.0260 ***	− 68.0806	0.0257	− 0.0259	0.0259
d_road	0.0884 ***	− 227.9957	0.0842	0.0852	0.0862
d_sch	− 0.6512 ***	− 96.2757	− 0.7446	− 0.7232	− 0.6473
d_uni	− 4.5433 ***	− 105.3793	− 4.6451	− 4.5982	− 4.5546
GDP	− 1.7230 ***	110.9193	− 1.7128	− 1.6941	− 1.6797
POP	− 2.6881 ***	− 131.2986	− 2.7896	− 2.7674	− 2.7024
p_c	2.1113 ***	− 369.5221	2.0884	2.0916	2.0951

注：① *** 代表显著性水平为 1% 。
②此表由笔者根据软件计算结果整理、自绘。

在九个耕地非农化的驱动因素中，"离最近铁路的距离"和"是否在规划建设用地范围内"这两个因素的作用强度在空间上变化均不足 1%，分别为 0.77% 和 0.32%；"离最近湖泊的距离"和"最近中小学校的距离"这两个因素的作用强度变化则比较大，分别为 19.64% 和 13.07%，其余的均在 1%～5% 之间。

6.4.3　模型效果比较分析

为比较 logistic 和地理加权 logistic 对耕地非农化概率预测的准确性，利用两组模型的回归结果分别对第三组数据进行抽样预测。处理方法是根据两个模型的回归参数计算出两组数据抽样点的耕地非农化概率，再分别根据两组数据的抽样点的耕地非农化概率预测值作 kriging 插值得到整个武汉市的耕地非农化概率分布图，在第三组数据中随机抽取 9000 个样本点作为实际概率，比对前两组数据得到的概率分布图中对应位置的概率预测值，选取实际概率的 ±5%、±10% 和 ±15% 区间所占的百分比进行检验，表 6.4 是结果比较的具体情况。

表 6.4　模型预测准确性比较

模型	±5% 区间	±10% 区间	±15% 区间
全局 logistic 模型	6.18	22.43	44.44
地理加权 logistic 模型	37.93	55.44	61.69

注：此表由笔者根据计算结果整理、自绘。

从表 6.4 可以看到，在 ±5% 和 ±10% 的精度范围内，地理加权 logistic 模型预测的准确度均比 logistic 模型高出 30% 以上，在 ±15% 区间的区间范围内，这种准确度的差距有所缩小，但地理加权 logistic 模型预测的准确度仍高出 17.25%。全局 logistic 模型由于没有考虑数据的空间非平稳而假设数据在空间上的作用是均质的，所以其模型的拟合效果和预测效果都要低于地理加权 logistic 模型，这与 J. 罗等（Luo et al.，2008）在城市增长方面和赛福丁等（Saefuddin et al.，2012）在印度尼西亚的贫困问题研究上的研究结论相一致。地理加权 logistic 模型较全局 logistic 模型而言有更好的预测精度，也反映出耕地非农化驱动力空间异质性的存在，这启示土地管理部门应根据不同区位对不同因素作用的敏感程度制定更具针对性的土地管理政策，应考虑区位特点编制土地利用规划，以提高土地利用规划的指导性。

6.4.4　耕地非农化驱动力的空间异质性分析

全局 logistic 模型和地理加权 logistic 模型的拟合效果与预测准确度的对比情况说明，耕地非农化的驱动力在其作用范围内存在异质性，根据地理加权 logistic 模型的参数估计结果得到各驱动因素对耕地非农化概率影响强度的空间分布如图 6.2 所示。

从各驱动力的空间异质性分布规律看：第一，离最近铁路距离、离最近大学距离、地块的地均 GDP 和是否在规划建设用地范围内这四个驱动力的空间异质性呈现出从中心向外围扩散的形态，也即这几个驱动力在城市中的作用强度是中心高于外围。武汉市中心城区的耕地已基本全部完成非农化，武汉市的耕地主要分布在远郊区和城乡接合部，从这四个驱动力空间异质性的中心高四周低的特点可以知道，武汉市耕地非农化管控的重点地区是城乡接合部区域，因为驱动力在中心城区的作用强度虽然大，但已基本没有耕地资源，而远郊虽然有大量的耕地资源，但驱动力对其作用力较小。第二，离最近湖泊的距离、离最近河流的距离、离最近道路的距离、离最近中小学校的距离和地块人口密度这五个驱动力的空间异质性呈现出明显的南北差异，而没有驱动力在空间上呈现出明显的东西差异。这可以看出武汉市耕地非农化驱动力的异质性南北差异大于东西差异，从土地管理的角度看，武汉市区域土地管理的侧重点在南北区域应该差别制定。

从各驱动力的作用强度看：第一，作用强度变化最大的是离最近湖泊的距离。武汉市现有 166 个湖泊，是中国湖泊资源最丰富的城市。在经济发展优先和城镇化建设优先的城市发展思路下，过去十余年住宅用地成片开发，而居民对湖景房和临湖住宅的偏好使开发商大量开发临湖土地，临湖耕地非农化现象非常严重，可以从图 6.2 （a）中看到离最近湖泊的距离这个驱动力作用强度大的区域与武汉市湖泊分布密度大的区域是重叠的，也就是说，在

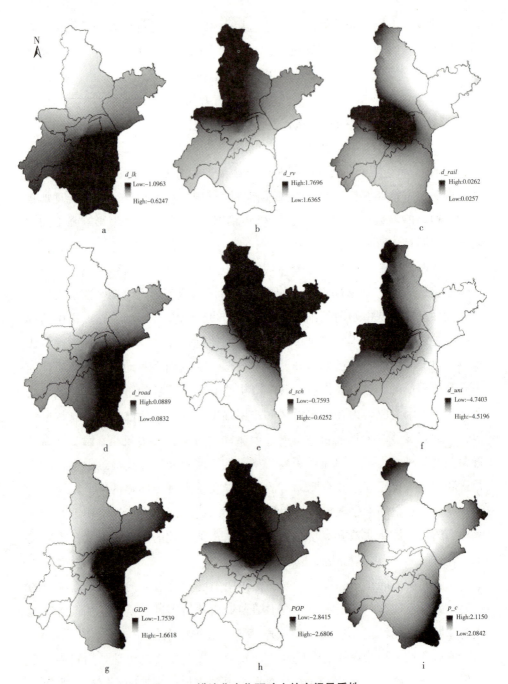

图6.2 耕地非农化驱动力的空间异质性

注：此图由笔者根据计算结果整理、自绘。

耕地非农化管控中临湖耕地是需要重点和优先保护的区域。第二,作用强度变化最小的为是否在规划建设用地范围内。由于现在武汉市还处于城市建设和经济发展优先的阶段,所以规划建设用地范围内的耕地各地都会积极进行非农化,整个区域的差异不大,在土地利用过程中不需要特别进行差异化管理,但这也提示土地规划在编制的时候需要慎重划定建设用地范围。第三,七个强度变化居中的驱动力分属环境及设施可及性和地块的社会经济特征。环境和设施可及性在短期内可变性有限,受到已有的教育产业布局和自然环境分布格局影响较大。而地均 GDP 受到技术、种植农作物种类的影响,可以通过增加作用强度大的地区的地均 GDP 的技术投入、种植经济作物增加地均 GDP 的产值来保护耕地,管控耕地非农化。人口密度受到经济发展政策和产业布局的影响较大,农村的青壮年会向二三产业发展的重点地区迁移,可以通过调整一二三产业的布局来引导农村劳动力的移动,让人口密度驱动力作用强度大的地区能维持一定的人口密度,控制耕地非农化。但总的来说,驱动力强度变化幅度大小意味着差异化管理的必要程度,管理部门可以根据驱动力异质性的分布和强度变化来保护耕地,让耕地非农化有序进行。

需要说明的是,通过地理加权 logistic 回归模型估计出的参数在空间上并非如图 6.2 所示是连续平滑变化的,由地理加权 logistic 模型的性质可知,参数估计值在空间上是不连续的,相邻区位的作用强度可能会发生较大差异,但由于抽样样本点数量较多,若按点输出各驱动力作用强度的空间差异,图形的可视化效果较差,加之现行土地管理并非以地块为单位而是以行政辖区为单位进行,故本章对各影响因素的系数估计值作 kriging 插值,得到不同驱动力空间差异的基本分布趋势,虽与实际的地理加权模型估计值有所差异,但是仍然能反映出不同驱动因素对耕地非农化作用强度的空间分布具有较强可视性,对土地管理的政策指导性也更直观。

6.5 本章小结

本章以武汉市为典型地区,运用全局 logistic 回归模型和地理加权 logistic

回归模型估计耕地非农化概率，并分析 2000～2011 年间武汉市耕地非农化驱动力的空间异质性，得到如下结论：

（1）耕地非农化过程中耕地地块间的空间依赖作用和建设用地对耕地的溢出效应显著，耕地的驱动力对耕地非农化的作用存在显著的空间异质性，表现为同一驱动力因素在不同地理位置上对耕地非农化的作用力强度存在空间差异。

（2）地理加权 logistic 回归方法在模型中考虑到空间数据的非平稳问题，而全局 logistic 回归是基于研究对象的同质性假说，由于研究区内耕地并非完全是同质的，所以在用各驱动力解释耕地非农化过程时，地理加权 logistic 回归比全局 logistic 回归在模型假设上也更贴近实际情况，所以模型对实际情况有更好的解释能力。

（3）不同驱动力空间异质性的空间分布分为从中心向外围减弱和南北差异两种类型，这提示城市的城乡接合部是耕地非农化的重要监管地区，而土地管理要侧重南北差异。不同驱动力的作用强度的差别提示国土部门需要根据武汉市的自然地理条件和产业布局对强度变化梯度大的驱动力根据空间异质性分布规律进行重点管制。

在经济发展和城镇化过程中，部分耕地不可避免地要转变为非农建设用地，由于促使其用途发生改变的各种影响因素的非均衡（如环境设施条件的非均衡、经济社会因素的非均衡、土地用途变更权利的非均衡等），短期内有些驱动因素比较难以变更（如道路、铁路规划施工周期长，河流、湖泊与耕地的相对位置固定等），灵活性较大的是政策和经济因素，这就对土地规划管理水平提出了更高的要求。如规划建设用地在划定时要优先考虑那些地处环境设施条件更容易发生变更位置的耕地，若要保护耕地的话，应该从提高耕地的地均产值方面考虑等。耕地非农化驱动因素作用强度的空间异质性为区域土地利用的规划管理策略提供新的指导思路和依据，以期更有针对性的土地管理政策能有更佳的绩效和实施效率。

7 土地非均衡发展的政策优化

7.1 规划限制下耕地非农化的区位选择

根据《武汉市土地利用总体规划（2006～2020）》（以下简称《总体规划》），以 2005 年为基期，到 2020 年武汉市建设用地面积预计新增 36800 公顷，规划中提到武汉市 2005 年已有建设用地 139699 公顷，而根据武汉市规划研究院提供的 2011 年的土地利用分类数据显示，武汉市 2011 年建设用地总量为 155929 公顷，故根据《总体规划》，武汉市 2012～2020 年间预计新增建设用地 22570 公顷。本章将未来九年耕地非农化的数量等分为三份，以三年为一个周期对耕地非农化的先后次序和区位做出预测。

根据第 6 章中地理加权 logistic 模型的参数估计结果对武汉市未来耕地非农化区位做出预测，预测结果如图 7.1 所示。其中耕地非农化 I 区是从综合条件来说最优先非农化的区域，耕地非农化 II 区是次优先的区域，耕地非农化 III 区是非优先的区域。在用全局 logistic 模型对耕地非农化驱动力的识别中，基本农田政策的作用并不显著，所以地理加权 logistic 模型没有考虑基本农田保护政策对耕地非农化的影响，也即在预测过程中没有考虑土地用途管制制度的影响。若以效率作为耕地非农化的导向而不考虑土地用途管制对耕地非农化的限制，在武汉市的土地利用总体规划的计划中，2012～2020 年耕地非农化总量和区位应为图 7.1 的 I 区 + II 区 + III 区。但实际中这种符合效率的耕地非农化区位却有可能分布在土地用途管制的范围内，此时土地利用效率与耕地保护的矛盾直观地反映在区位冲突上，具体见图 7.2。

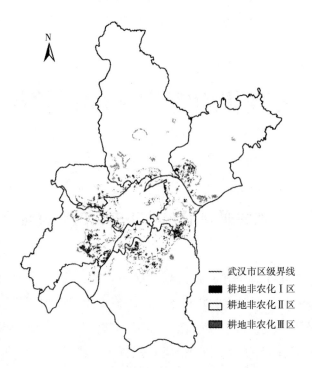

图7.1　武汉市耕地非农化区位次序示意

注：本图由笔者根据计算结果整理、自绘。

从图7.2可以看到，若以效率为耕地非农化的导向，则灰色部分均是规划限制下武汉市耕地中应优先转为非农建设用地的部分，但是若以资源保护为耕地非农化的导向，则分布在基本农田保护区内的深灰色部分的耕地则是不宜转变原耕地用途的。通过在ArcGIS中统计，规划限制下具有优先耕地非农化条件的22570公顷耕地中有905公顷在基本农田划定区内，占比超过4%。这种区位冲突正是我国土地利用过程中耕地保护与经济发展的矛盾体现。

需要说明的是，《全国土地利用变更调查报告2008》显示，全国近年新增建设用地来源中耕地占比超过50%，而本节则假设武汉市规划新增建设用地全部来源于耕地，但这种假设与实际的落差并不影响本节要反映的主要问题，即土地利用效率与耕地保护的矛盾是如何体现在耕地非农化区位上。

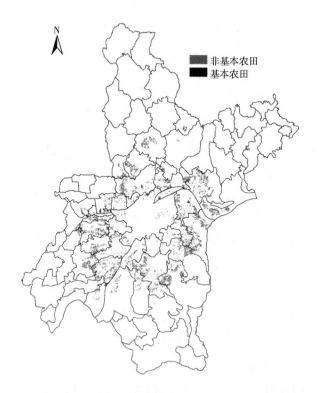

图 7.2　武汉市耕地非农化区位预测中的土地用途限制

注：此图由笔者根据计算结果整理、自绘。

7.2　基于实证结果的决策偏好差异分析

根据理论分析框架中的逻辑，在完成实证分析后，我们需要根据实证结果提供的决策信息对是否有政策优化需求进行判别。

第一重判别：基于现行管制政策的耕地非农化重点和优先管制区的区位。在现行的土地用途管制基础上，本书第 5 章在基于乡镇尺度的空间自相关分析基础上得到了在未来一个时间段需要重点和优先管制的乡镇是局部空间自相关分析中的 LH 型和 HH 型聚集发生的地区，根据图 5.4 的 2005 ~ 2011 年的 EB 修正 LISA 图，需要优先和重点管制的是洪山区的九峰、建设、洪山、豹懈，江夏区的五里界、流芳，黄陂区的六指和新洲区的龙王咀、双柳、仓埠共计四个区的 10 个乡镇。

第二重判别：现行的基本农田保护政策是否有效。根据第 6 章全局 logistic 模型的结果可以看出，基本农田保护政策在武汉市是无效的，基本农田示范区划定范围内外的耕地在非农化过程中没有显著的差异。

第三重判别：是否有政策优化的需求，即是否需要新的政策促使社会决策偏好与私人决策偏好间的非均衡转化为相对均衡。根据 7.1 节的图 7.2 所示，浅灰色部分的耕地，其供给者虽然在土地征收过程中因私人财产权受到限制而导致私人收益减少，但这部分耕地的私人决策偏好和社会决策偏好是相对一致的，即转为非农建设用地以发展经济；而图 7.2 中的深灰色部分则是私人决策偏好与社会决策偏好之间难以调和的部分，因为私人决策者希望这部分耕地实现非农化以获取较高的土地收益，而社会决策者出于粮食安全、生态安全和社会稳定等因素，希望这部分耕地作为优质农田能保留其农业用途，二者间偏好的非均衡在此时对制度产生了需求，深灰色部分就是这种非均衡在区位冲突上的体现。

那么如何解决这种区位冲突呢？原则上有以下几种方式：

（1）严格执行基本农田保护区的划定和规定，禁止开发深灰色冲突区的这 4% 的耕地，而根据耕地非农化概率选择较低概率的区位实现耕地非农化，但事实上这种方案在理论上很有用，可实践中总不是那么有效，因为不管是土地的原使用者、土地开发者或是地方政府，出于经济利益的驱动，都希望这 4% 的土地能够被开发。

（2）通过调整规划将深灰色冲突区的这 4% 的基本农田划出，或将这 4% 的基本农田与能源、交通、水利、军事设施等重点建设项目的选址进行重叠，将这 4% 的耕地按照效率导向原则转为非农建设用地，这种方式不存在监督问题，在现在各地区的土地利用过程中多是采取这种方式，这种方式可以产生经济效益，但对耕地特别是优质耕地的蚕食产生的巨大的社会和生态环境负外部性是难以估量的。

（3）对现有的农地制度进行政策优化，建立一个有效率并且更易于监管的农地利用制度，能同时在耕地保护和提高土地利用效率方面发挥作用。从现实情况讲，出于粮食安全考虑，中国一直实行的是最严格的耕地保护制度，但事实证明制度对控制耕地非农化难以奏效（是否在基本农田划定区内这一因素对武汉市 2000 ~ 2011 年的耕地非农化与否没有显著作用，第 6 章模型二中 p_p 未通过显著性检验），而耕地间正的外溢效应和建设用地对耕地负的外溢效应（第 6 章模型二中 s_f 和 s_c 均通过显著性检验，且建设用地对耕地非农化概率的促进作用大于耕地对耕地非农化的抑制作用）又说明，若以效率为导向任由耕地综合条件好的地块转为非农建设用地，对于耕地保护的影响不仅在于当下的对耕地非农化的区位管理失败，更重要的是区位的零星分布对于未来的耕地特别是基本农田保护十分不利，会强化转变后的建设用地逐步蚕食相邻耕地也转为建设用地的趋势，建设用地的零星分布也不利于集约利用土地，会产生土地利用低效粗放的问题，所以第一种和第二种方式不能从根本上解决我国现在耕地利用和保护中社会决策偏好与私人决策偏好间的矛盾。只有通过制度优化，从产权上重新配置决策优势，促使耕地的原使用者和新使用者在社会决策的约束下能自由自愿交易，才能解决这种经济发展和耕地特别是基本农田间的矛盾。

我国现行的土地用途管制和基本农田保护制度，由于缺乏激励机制而导致制度绩效不彰，受到管制的基本农田的使用者财产权受到限制而产生损失，导致他们没有配合制度实施的动力，也即私人决策偏好与社会决策偏好相背离，虽然在制度建立和实施过程中政府投入了大量的行政成本，但由于制度设立之初没有充分考虑到如何设计制度实施对象的制度诱因，没有遵循市场经济中的效率原则，基本农田保护制度难以实现对基本农田的有效保护。本书的理论分析和实证结果认为，不管是社会决策者还是私人决策者在耕地保护制度上都有制度优化的需求，而进行政策优化需要关注的是两点：一是在一定的约束下给予私人自主的决策权，二是对于受限的私人财产权进行合理补偿。接下来本书将介绍一种可用于解决这个矛盾的政策工具——土地发展权转移制度，分析该制度在我国台湾地区和国外的运行情况、制度绩效和存在的问题，并在此基础上分析土地发展权制度在我国的可行性。

7.3 土地发展权转移（TDR）简介

发展权转移（transfer of development rights，TDR），是指将一宗土地的发展权全部或者部分转移到另一宗土地上（Moskowitz，1993）。有学者将发展权定义为土地所允许的最大潜在使用强度（development potential）与使用现状（existing use）间的差异（Pizor，1986）。那么对于在土地利用分区中受限制的土地而言，其发展权的价值就是土地使用受限之前土地的最大潜在使用强度下土地价值与维持当前利用状态下土地价值的差额。发展权转移起源于英国，但是现在实践则是较多出现在美国，我国的台湾地区实行发展权转移（台湾称作"容积移转"）最大的制度诱因是台湾当局在公共设施保留地和即成道路用地征收时面临的财政负担，也是出于这个原因，台湾当局在制度设计的时候未将农用地纳入其中。

希夫曼（Schiffman，1989）指出土地发展权移转的实施是为了解决土地所有权人之间因土地利用分区管制而造成的不公平和土地使用效率降低这个双重问题。杨重信和林瑞益（1994）研究了在外部性存在和外部性不存在情况下土地发展权市场的效率和公平性，研究认为，在一个具有拥挤外部性的单核城市实施土地发展权移转政策，其经济效率与公平性均可能提高。边泰明（2000）以均衡空间结构（equilibrium spatial structure）和最优空间结构（optimal spatial structure）模型为基础，对土地发展权转移进行经济效率分析，研究认为，实行土地发展权转移政策后，经济效率的提升或降低并不能一概而论，而是由均衡空间结构和最优空间结构之间的关系来决定，当均衡空间结构比最优空间结构来得平缓，实行土地发展权转移就会造成经济效率的降低，反之则提升。

土地发展权转移制度包括三个要素：第一是移转对象，即在哪里移转，涵盖的内容是供给区与需求区的地区和空间范围的确定；第二是移转量，即供给区与需求区之间移转的土地发展权的量；第三是移转方法，即如何制定合理的移转价格（边泰明，2000），具体见图 7.3。

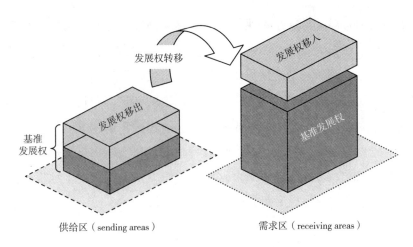

发展权转移

发展权移入

发展权移出

基准发展权

基准
发展权

供给区（sending areas）　　　　　需求区（receiving areas）

图 7.3　土地发展权的移入与移出

注：赖宗裕（2013），本图由笔者自绘。

7.3.1　中国台湾地区的 TDR 制度

中国台湾容积移转制度自制定到实施一直伴随着一些批评与质疑，涂平子（1999）在台湾地区设立容积移转制度之初即提出，实行容积移转制度需要考虑包括公民财产权的保障、土地发展权买卖的供需关系、土地发展权移转对城市计划的冲击等问题，研究更是指出，发展权移转量如果制定不当将影响接收区周围公民生活的环境品质，将容积移转应用于取得公共设施保留地后无法确定是会改善城市的环境品质还是会使城市环境品质更加恶化。虽然有质疑的声音，但在制度的可行性与技术层面上也有很多研究，如在制度设计的法制层面，赖宗裕等（1999）对城市容积移转办法草案进行了评论，认为城市容积移转办法草案具有一定的正面效益，但是在草案已提及的内容中，接受区的指定、相关规定的适用问题和权益价值的变换等问题还需要斟酌，另外研究还指出草案中未提及却需要考虑的一些内容，如移转的登记、容积交易的市场、容积移转单位的估价和容积移转制度违规操作的罚则等问题。在容积移转地点选择的问题上，谢琦强等（2006）以台中为研究对象，认为容积移转制度有催化新建住宅远离旧市中心商业区的趋势，会加速城市中心空洞化和向郊区蔓延；而现行的容积移转制度缺乏对容积接受地区的限制，这会导致容积接受区人民生活环境品质遭到冲击。在容积移转量的确定上，赖宗裕等（2000）从土地承受力的角度出发，评估了可转移容积总量的计算方法；李家侬（2007）认为应对城市地区的建筑容积进行总量管制，不能放任其无上限发展。廖佳展（2005）则对容积移转中涉及的估价方法进行了研究和修正。中国台湾地区的容积移转制度是在实践中发展的，目前容积移转制度已经发展为台湾地区城市发展管理中的重要手段。土地发展权的三要素在台湾地区的现行规定如下：

7.3.1.1　移转对象

根据台湾地区有关容积移转实施办法，容积移转制度中的移出区分为以下五类：

（1）经确定为古迹的私有民宅、家庙、宗祠所限定的土地或古迹保存区内、保存用地的私有土地。

（2）相关文件表明应予保存或经市、县主管机关认定有保存价值的建筑所限定的私有土地。

（3）为改善城市环境或景观，提供作为公共空间使用的可建筑土地。

（4）私有城市计划公共设施保留地。

（5）更新地区范围内的土地。

对于接受区而言，第四类土地不属于城市计划地区内，故其容积应该移转至同一乡（镇、市）内；剩下的四类均属于城市计划地区内的土地，所以容积只能移转至同一主要城市计划区范围内的其他可建土地上。

7.3.1.2　移转量

对于移转量，台湾地区的有关规定也很明确：接受区可移入容积，不能超过规定基准容积的30%；但如果接受区位于整体开发地区或者面临永久性空地，则其可移入容积可酌情增至基准容积的40%（由第四类土地移入的话，可增至基准容积的50%）。

7.3.1.3　移转价格

根据有关容积移转实施办法的规定：接受基地移入的容积＝送出基地的土地面积×（申请容积移转当期送出基地的公告土地现值/申请容积移转当期接受基地的公告土地现值）×接受基地的容积率。如果送出基地上已有建筑时，则：接受基地移入的容积＝接受基地移入的容积×［1－（送出基地现已建筑的容积/送出基地的基准容积）］。

虽然容积移转制度在台湾地区已实施十数年，也在台湾的城市计划中扮演着重要的角色，但是不管从制度层面还是实务层面上均还存在一些问题：

（1）在容积移转的移转量上，现行的规定只针对每个个案的移转量有限制，但没有考虑整个环境或城市设施的承受力，那么制度实施前就很难估算对环境的冲击作用；另外现行的容积移转允许囤积容积，就是买而不用，这会滋生投机行为，也会推高房地产的价格，使利益较多集中到开发商手上。

（2）在容积移转的移转价格上，现在是使用公告地价在进行估价和制定买卖价格，但在实务中，这样会造成颇多问题，因为即使是同一个地段的同一栋楼，不同楼层间的价格也是有所区别的，这样通过一个标准制定买卖价格，首先在移出区内的业主间就会引发不公平而导致意见难以达成一致，另外容积移转过程中会有容积放大效果，例如低楼层的容积移到高楼层、低房价区的容积移到高房价区，这都会使容积的价值在移转过程中放大，这些因素在制定容积移转价格的计算规则时都未纳入考虑。

（3）容积的移出区和接受区的选择，现在的规定是在一个城市计划区内。这种规定本身过于僵硬，以台北为例，台北市本身是一个城市计划区，但是在这个计划区内大同区和大安区的公告地价和房价之间相差却十分巨大，如果仅用同一城市计划区来限制移出区和接受区显得有所偏颇，也会造成很多问题。

7.3.2　国外的 TDR 制度

7.3.2.1　英国

发展权的概念主要起源于英国的《阿斯瓦特报告》（The Uthwart Report），

刘厚连（1998）指出该报告中提出两个主要观念：其一，改良价值（better-ment value），经政府的建设造成土地增值的部分，如公共设施的建设等，因不属于私人投资改良故应该征收改良金，而对于那些经政府建设受到损失的人进行补偿；其二，浮动价值（floating value），指一个地区的未来可能发展的潜在价值，是浮动地落在每一块土地上的，但由于土地分区管制使土地发展权的价值集中落在某些土地上，也就是发生了价值移位（shift value）。

英国在1947年的《城乡规划法》（Town and Country Planning Act）中采纳了《阿斯瓦特报告》的观点，实现了土地发展权的法制化。英国的土地发展权制度中将私有土地的土地发展权全部收归国有，通过将允许开发建设地区的土地增值收益用于补偿由于禁止开发所造成的土地价值损失，使地域整体的地价总额保持不变。刘国臻（2008）指出英国的土地发展权制度的两个特点：一是制度设计的价值取向更关注公平，二是基于"涨价归公"的思想将土地发展权在制度安排上归政府和国家所有。但英国的土地发展权的制度设计中对于每个民众的公平行为实际上限制了土地所有者的财产权，是一种缺乏效率的制度设计。英国是最早将土地发展权观念应用到土地使用规划中的国家，虽然在制度建立之初有很大期望但运作效果并不理想，赖宗裕（2013）根据已有文献指出这种结果产生的原因主要有两点：一是缺乏经济诱因，若要发展土地，需要支付全部的土地发展费，而且土地真实转移价格的资料难以取得，使得土地所有人的出价与土地需求者的出价难以协商，破坏了正常的土地市场流通，阻碍了土地市场的正常发展；二是政治原因，即政党的对立交替会影响政策的实行，土地发展权国有化政策是由工党执政时提出的，等到保守党执政后，由于土地发展权政策对拥有大面积土地的保守党不利，故而废止了该法案。

7.3.2.2 美国

土地用途管制制度由于缺乏激励机制和违反经济效率原则往往导致管制绩效不佳，所以美国在实施土地用途管制制度时，参仿英国的做法设立土地发展权，但也汲取了英国土地发展权制度运行失败的教训，将土地发展权的初始权利赋予个人而非将其国有化。美国的土地发展权制度通过土地发展权转移（TDR）和土地发展权征购（purchase of development right，PDR）两种方式运行，其中 TDR 通过市场机制运作。

美国是 TDR 制度的实务开展最多的国家，在完善土地发展权转移制度的过程中美国也经历了很长时间的探索，胡宏昌（1997）将美国的 TDR 的实施分为三个阶段，并总结了各个阶段的特点。

（1）1972～1980 年，这个阶段的 TDR 实施是不成功的，而导致 TDR 计划无法顺利实施的原因主要是：在预定的规划开发区内缺乏高强度的开发压力及完整的公共设施、一般民众普遍缺乏参与意愿、各郡镇规划人员的缺乏、财政支撑不足和经验不足等。

（2）1980～1991 年，在第一代 TDR 的基础上，第二代 TDR 计划的主要进步是建立了可转移发展权额度（transferable development credits，TDC）的概念，这个概念是土地可开发性或土地受限程度之间的一个度量工具，会根据土地的实际情况将面积转化为 TDC 个数，便于市场交易。

（3）1992 年至今，第三代 TDR 计划在第二代的基础上考虑了 TDR 实施前后相关的问题，如建立 TDR 接受区内的建筑准则、充分利用 GIS 技术、污水系统的研究、TDR 的价值与分配分析和 TDR 计划对地方财政的影响等，其在规划层面上显得更为成熟和更具可操作性。

作为土地用途管制的配套政策工具，TDR 制度的实施成功保护了大量优质农地和生态环境脆弱区免受开发，截至 2010 年，美国已至少在 34 个州开展实施土地发展权转移项目共 239 个（Nelson et al.，2011），具体见表 7.1。

表7.1　　　　　　　　　　美国土地发展权转移项目统计

地　区	数量	地　区	数量
亚利桑那州（Arizona）	2	内华达州（Nevada）	2
加利福尼亚州（California）	33	新罕布什尔州（New Hampshire）	2
科罗拉多州（Colorado）	13	新泽西州（New Jersey）	8
康涅狄格州（Connecticut）	3	新墨西哥州（New Mexico）	2
华盛顿（首都）（Washington D. C.）	1	纽约州（New York）	16

地　区	数量	地　区	数量
特拉华州（Delaware）	3	俄勒冈州（Oregon）	3
佛罗里达州（Florida）	28	宾夕法尼亚州（Pennsylvania）	32
佐治亚州（Georgia）	2	罗得岛州（Rhode island）	1
爱达荷州（Idaho）	4	南卡罗来纳州（South Carolina）	2
伊利诺伊州（Illinois）	1	田纳西州（Tennessee）	2
肯塔基州（Kentucky）	1	得克萨斯州（Texas）	3
路易斯安那州（Louisiana）	1	犹他州（Utah）	5
缅因州（Maine）	5	佛蒙特州（Vermont）	3
马里兰州（Maryland）	11	弗吉尼亚州（Virginia）	1
马萨诸塞州（Massachusetts）	14	华盛顿州（Washington）	20
密歇根州（Michigan）	1	威斯康星州（Wisconsin）	7
明尼苏达州（Minnesota）	5	怀俄明州（Wyoming）	1
蒙大拿州（Montana）	1	总　计	239

注：根据文献（Nelson et al., 2011）整理、自绘。

美国的土地发展权转移项目的目标多样，包括：环境保护（生物栖息地、地下水、海岸线、开放空间保护等）、土地保护（农地、湿地）、历史建筑保护、城乡风貌保护等。具有一定相似性的州所开展的土地发展权转移项目也具有相似性，如华盛顿州和佛罗里达州这类海岸边的州，其开展的土地发展权转移项目主要是环境方面的，如水资源保护、海岸线保护和自然资源保护等；而像宾夕法尼亚州和明尼苏达州这类内陆州，其开展的土地发展权项目主要是优质农田保护和乡村风貌保护等类的（Nelson et al., 2011）。从表 7.1 可以看到，土地发展权转移项目覆盖了美国大部分州（地区），其中项目数量最多的前五个州是，加利福尼亚州（33）、宾夕法尼亚州（32）、佛罗里达州（28）、华盛顿州（20）和纽约州（16），共计有项目 129 个，超过项目总数的一半。其中自 2003 年后项目数增加最多的州是宾夕法尼亚州，新增 17 个，而这些新增 TDR 项目中的目标主要集中在农地保护。

美国 TDR 成功的最主要原因就是将市场机制纳入 TDR 制度的设计中，政府仅出于社会环境整体福利的角度划分 TDR 的移出区与接受区，而不以行政手段干预 TDR 的运作，这种效率导向的做法解决了英国 TDR 制度缺乏经济诱因的问题，从整体上提高了社会与环境福利，并通过市场交易提升土地用途管制区内因土地发展受限而导致财产权受损的土地所有者的个人福利，可以说美国的 TDR 制度是在土地用途管制制度基础上实现了帕累托改进。

7.3.3　综合分析

从我国台湾地区、英国和美国的土地发展权的经验来看，土地发展权是土地价值的重要组成部分，是我国的现行土地权利体系中应予以完善的部分。从完全公平的角度出发，土地发展权归公是理想状态，但是由于缺乏经济诱因和政治因素均会导致这种制度安排下土地发展权项目难以实施，与制度相对的政策措施无法实现制度设计的初始目标。所以从实务角度出发，安排土地发展权归土地所有者，由国家或土地需求者通过与土地所有者协商定价来进行土地所有权的交易是更符合效率的制度安排。张安录（2000）指出，若由国家来购买虽然便于运作，但是对国家财政预算的要求很大，而若将土地发展权作为普通商品一样在市场上根据供需自由交易是一种既尊重产权，又兼顾公平效率的做法。我国台湾地区的土地发展权转移制度的初衷就是为了缓解地方财政压力；实务最多也相对成功的美国就是允许土地发展权作为商品根据市场需求来自由交易。

我国的相关法律和土地权利体系中虽然没有明确地提出土地发展权的概念，但在实施土地用途管制和基本农田保护过程中，土地发展权的价值得以体现。刘国臻（2007）认为我国房地产行业的暴富是由于土地开发没有为土地发展权付费。我国虽然没有设立土地发展权，在土地开发前期的征地拆迁行为中，征地拆迁补偿安置的费用由被征土地的年产值和房屋重置价格决定，没有将土地发展权的价值纳入考虑。这意味着在我国，土地发展权的归属不是真正的土地使用者。参考英国的土地发展权在运作中失败的主要原因，若土地发展权的归属完全在国家或者政府手中，那土地开发就缺乏经济诱因，土地开发行为自然减少。我国的土地开发流程是由政府先按照土地生产价值和地面附着物的重置价值补偿原土地所有者后征收，然后通过土地"招拍挂"将土地从政府手中转到土地开发商手中，在这个过程中，土地发展权的价值实际上由地方政府和土地开发者这两个主体分享了，现在各地如火如荼的土地开发行为与关于征地和拆迁引发的上访事件的增加，反映出的就是我国土地发展权的价值分配不合理引发的问题。

7.4 我国建立土地发展权制度的设想

本节以武汉市为例，首先结合实证分析结果阐述发展权转移的三要素，在此基础上对构建发展权市场进行了设想，并在本书实证结果的基础上对构建发展权市场的可行性进行了简单分析。

7.4.1 基于实证结果的发展权转移的三要素

第一是转移对象。根据境外发展权制度的介绍，供给区一般是发展受到限制的地区，如优质农田、古迹、水源地等，而接受区一般是可转为建设用地的农田或需要提高土地利用强度的旧城改造区。在我国基本农田是受到严格管制的，若将土地发展权转移政策运用到耕地非农化过程中以保护耕地，基本农田规划区则是土地发展权转移的供给区，而其他计划非农化的耕地和城市内旧城改造区是土地发展权的需求区。第二是转移量。从保护优质农田和私人决策者利益的角度，转移量应不小于基本农田数量。第三是转移价格的估算。美国是根据基本农田数量本身的质量和受限程度将面积折算成可转移发展权额度（TDC），以便于统一的市场交易。

7.4.2 构建土地发展权市场的设想

首先是土地发展权的归属问题，根据对境外 TDR 的介绍和我国学者的相关研究，在制度设计上可将土地发展权与土地所有权剥离。其中土地发展权归公在实践中是难以成功的（以英国为例）；在我国的土地所有权归国家或农村集体经济组织所有的产权制度下，可以将剥离出的农地发展权私人所有，在管制政策的基础上，由国家或私人购买发展权而保留使用权给农民。

从土地发展权的购买方看，可以是国家也可以是私人（企业、个人）。如果由国家来购买的话，相当于美国的土地发展权征购（PDR），对财政预算要求高；私人购买的话，则是土地发展权转移（TDR），由市场运作，政府起到引导和监管的作用。若出于财政预算考虑，也可参照我国台湾地区的方式不设立土地发展权征购的方式，全部交由市场主导，但是从台湾地区运行的现状看，这种方式增加了土地投机，如囤积由限制区转移出的容积量，但本身并不开发，而是等价高后抛售套利。所以采取政府和市场相结合的美国模式是比较理想的。

7.4.3   可行性分析

通过基于实证结果的社会决策和私人决策偏好的差异分析，我国现有的土地用途管制和基本农田保护制度无法有效地发挥其作用，为此社会决策者和私人决策者都产生了制度需求。

若依据土地用途管制制度的配套优化政策设立土地发展权市场，以武汉市为例，发展权的供给区可划为基本农田保护区，接受区为计划转为非农用地的耕地和城市内低密度建筑区；那么全部转移量就是武汉市内基本农田对应的 TDC 个数，规划期内的最少转移量为区位冲突的总数量，在本研究中为905 公顷。关于转移价格的估算，一种是按照土地交易价格来推算，由于土地发展权的价格体现在政府卖地的土地交易金的收益中，按武汉市的规定①，武汉市工业用地的土地净收益不低于交易价的 20%，其他用地的土地净收益不

---

① 武汉市国土房产局《关于完善供地管理政策促进经济发展意见的通知》. http：//www. whbgt. gov. cn/documents. php？c = 5&id = 1042.

低于交易价的 50%。以武汉市 2013 年的土地交易数据①为例，可估算出武汉市 2013 年土地净收益不低于 3119.18 元/平方米，这意味着武汉市耕地发展权价格应不低于 3119.18 元/平方米；另一种是在理论基础上以问卷调查的方式通过测算得到，如汪晗等（2011）测算出武汉市红石榴农场的农地发展权单价为 1030.91 元/平方米。

制度运行的方式可以参考美国的做法，即政府征购和市场交易同时存在，互为补充。对于在规划期内耕地保护和经济发展冲突严重的区位的耕地发展权，由国家进行征购，其余的可以在市场机制下由供需双方自行交易。以本研究的实证结果为例，在 2012～2020 年间，武汉市宜由政府征购的基本农田发展权为图 7.2 所示深灰色部分，其他基本农田划定区内耕地的发展权可由供需双方自行交易。虽然境外的经验表明土地发展权的设立和交易对耕地保护有明显成效，但对我国而言最大的挑战是原本在耕地非农化过程中的土地发展权带来的收益由地方政府和土地开发者获得，利益持有者会对政策优化产生阻力。

7.5 本章小结

土地用途管制与基本农田保护制度是以提升社会利益为目标所设立的，但是过于刚性的管理制度违反效率原则，也与私人决策偏好存在差异，会造成私人利益的损失，所以虽然政府投入了大量的行政成本，但本书第 6 章的实证研究中已经证实了制度的无效性。从这两项制度本身看，制度实施的效果不彰一方面是由于对私人决策者缺乏经济诱因，使私人利益受到损失；另一方面就是管制制度产生的外部性，这种外部性会导致政策的实施结果偏离制度设计的初衷，而采取合适的组合策略则可以实现外部性内部化或弥补制度的外部性引起的负面效果，从而提升管理绩效。

---

① 土地交易数据搜集整理自武汉市国土资源和规划网，http：//www. wpl. gov. cn/pt – 1537 – 2. html.

　　本章在第 6 章实证分析的基础上对武汉市耕地非农化的区位做出预测，并根据武汉市土地利用总体规划提出的耕地转为建设用地总量限制绘制了耕地非农化的序次图，这种做法简化了耕地非农化总量和时机的确定，强调了区位的确定。在实证分析的预测结果中可以看到，有 905 公顷的具有优先进行耕地非农化条件的耕地在基本农田划定的范围内，这些耕地是在城镇化和耕地非农化过程中需要重点保护的部分，其本质是社会决策与私人决策在耕地非农化区位选择上不可调和的部分。在这种背景下，本研究针对国内现行的土地管理政策的不足之处介绍了土地发展权转移（TDR）制度，并结合武汉市的情况对构建农地发展权进行了设想。

8 结　　语

8.1　本书主要结论

8.1.1　构建土地非均衡发展的理论分析框架

本书第 1 章阐述了土地非均衡发展的内涵。从地理空间上看，土地非均衡发展是土地用途转变在时间和空间上的不均匀分布，这是土地非均衡发展的现象；从主体决策视角看，土地非均衡发展是社会决策偏好与私人决策偏好间的差异；从空间管制视角看，土地非均衡发展是土地发展权的不均等。

耕地非农化是土地非均衡发展的重要形式，本书结合土地非均衡发展的内涵构建了耕地非农化空间非均衡发展研究的框架，分别从不同研究视角细化了土地非均衡发展的理论研究思路，并从理论上协调了各个视角下对于耕地非农化的非均衡发展研究的差异，在实证分析中指导如何判断和解决耕地非农化的空间非均衡发展过程中产生的问题。

8.1.2　土地非均衡发展的空间扩散路径的测定

要探讨土地非均衡发展的空间扩散路径，首先要从土地非均衡发展的地理现象出发，采用数据挖掘的方法从耕地非农化的地理空间分布非均衡出发，研究其扩散路径。在五个时点跨四个时期的土地利用数据基础上，利用 Arc-GIS 的空间统计和空间分析功能，拟合出武汉市耕地非农化的空间洛仑兹曲线，并制作了基于耕地非农化速度分级的重心曲线，结合统计数据分析耕地非农化扩散路径及其与经济、人口重心曲线变化的相关关系。研究结果认为，武汉市是个典型的单中心城市，其耕地分布不均衡，耕地非农化仍是围绕城市中心进行，耕地非农化在乡镇级别上是非均衡发展的，但采取基尼系数衡量的非均衡程度分别为 0.8285、0.7177、0.5912 和 0.5289，这说明单从耕地非农化的地理空间分布而言，武汉市的耕地非均衡程度是在逐年减缓的。基于耕地非农化速度分级的耕地非农化重心曲线表明，耕地非农化速度快的点到速度慢的点的密度有逐步降低的趋势，并且速度快的点到速度慢的点还有向外围扩散的趋势，这体现出武汉市的耕地非农化还是围绕着城市核心区在进行。武汉市耕地非农化扩散路径、GDP 重心变化路径和人口重心变化路径具有相似的形状，这种耕地非农化与经济和人口的相关性表明武汉市的耕地非农化在空间上仍是有序发展，这种土地—经济—人口的相对均衡发展也反映出武汉市的城市发展是相对健康的。

8.1.3　耕地非农化的空间聚集与离散程度的测算

在探讨耕地非农化的空间关系过程中，本书进行了空间数据的探索式分析，即采用空间自相关分析方法测算了乡镇尺度上耕地非农化的空间聚集和离散程度，并根据其时间上的变化结合实际分析了变化产生的原因。研究结果表明，武汉市耕地非农化在 1990 ~ 2011 年间的四个时期均呈现出显著的全局空间自相关，其聚集强度以 2005 年为分界点，前三个时期分别为 0.1207、0.2802 和 0.3124，呈现出不断加强后在第四个时期（2005 ~ 2011 年）下降为0.2203，这种变化趋势与人口非农化增量的拐点不谋而合。通过 EB 修正的武汉市耕地非农化的 LISA 图显示，武汉市耕地非农化的聚集区域由开始处于区域外围的 LL 型聚集为主导，逐步转变为由处于城乡交错区域的 LH + HH 型聚集为主导，而 LH 型聚集较之其他类型而言有较高的概率会转为 HH 型聚集，所以从耕地保护的角度出发，LH 型聚集出现的乡镇是地区耕地保护的优先和重点区域。通过绘制不同时期不同聚集类型的重心移动路径可以发现，LH +HH 型聚集均出现先向东南再向东北移动的趋势，这种耕地非农化趋势与区域的产业布局有密切关系。这种探索式分析的结果反映出耕地非农化与产业经济有密切关系，也提示耕地保护行为中需要调整现行的无差异的土地管理和利用模式或僵硬的土地用途管制制度和基本农田保护制度，以期能得到更有效的管理绩效。

8.1.4 耕地非农化驱动力的空间异质性的测算

耕地非农化的驱动力不仅存在空间溢出效应，其本身更是具有空间异质性。在大尺度范围上开展的土地实证分析，可能会由于数据的逐层融合引发的尺度效应导致研究结果对管理决策的偏误。本研究在地块尺度利用土地微观数据开展了耕地非农化驱动力的分析，通过 logistic 回归模型筛选出在武汉市具有显著作用的耕地非农化驱动力，并通过其参数估计结果验证了耕地非农化过程中外溢效果的存在。通过地理加权 logistic 回归模型参数估计结果，验证了耕地非农化驱动力的空间异质性，并对异质性的空间分布规律和政策含义做出总结分析。研究表明耕地间的空间依赖效应和建设用地对耕地的空间溢出效应在耕地非农化过程中具有显著影响力。

从方法的改进上来讲，地理加权 logistic 回归模型由于考虑到数据的空间非平稳状态，所以比 logistic 回归模型有更好的拟合和预测效果。这也是耕地非农化驱动力存在显著的空间异质性的证据，因为地理加权 logistic 回归模型打破了传统的土地用途变更驱动力模型中各驱动力作用强度在空间上是一致的这一假设。

耕地非农化驱动力的异质性在空间上呈现出一定规律，这些受到产业布局、经济和城市发展特点等的影响，根据不同驱动力空间异质性产生的原因进行差异化土地管理可以解决耕地保护和建设用地供给间的矛盾。

8.1.5 耕地非农化的制度需求与设计

我国现行的土地利用和管理制度虽用意是在快速发展的经济、工业化和城镇化中保护耕地这类不可再生资源和生态脆弱地区的环境，但仅靠行政力量缺乏配套激励措施的制度难以实现制度设计的初始目标。从实证分析的预测结果看，仍有 905 公顷的基本农田在武汉市土地利用总体规划的计划耕地非农化量中符合优先转为建设用地的综合条件，这一方面说明武汉市现在的城市发展形态导致了这部分基本农田转为非农建设用地有较高的区位和经济诱因，另一方面说明社会决策偏好下制定的基本农田保护制度和土地用途管制制度由于太过偏离私人决策偏好而导致政策效果不彰，双方对新的制度均有需求。在第 2 章的理论分析基础上，本研究认为土地发展权的设立能弥补土地用途管制和基本农田保护制度缺乏经济效率和公平的不足，并在介绍中国台湾地区、英国和美国的土地发展权制度及其运行情况和成果的基础上，对我国设立土地发展权制度的可行性进行了分析，结果认为虽然仍有一些挑战，但我国具备设立土地发展权制度的条件。

8.2　讨论与展望

8.2.1　研究的不足之处

土地非均衡发展的空间扩散机制涉及个人决策、政策环境、土地制度、经济社会条件等多方面的问题，本书在阐述土地非均衡发展的内涵后，将耕地非农化的空间非均衡作为土地非均衡的主要形式；在回顾相关文献的基础上，构建了耕地非农化空间非均衡发展的理论分析框架，协调了不同研究视角对于土地非均衡发展相关研究的差异。以武汉市为例，按照理论分析框架的逻辑，对耕地非农化的非均衡发展的空间扩散路径、空间聚集和分布规律以及驱动力的异质性进行了实证分析。笔者认为本研究还存在以下几方面的不足。

（1）在土地非均衡发展实证研究中以耕地非农化为对象，实际上土地非均衡发展中应更细分，如建设用地分为商用、住宅、工业等，农用地分为耕地、菜地、养殖水面等，除此之外还应有湿地、森林、水源区等，在本书的研究中受限于数据的可获得性将其简化为建设用地与耕地的二元结构。另外，根据本书阐述的土地非均衡发展内涵，还应包含对同一类型土地的使用强度限制，但在本书的研究中关注较少，这方面有待于进一步拓展研究。

（2）研究范围与研究尺度的问题。本书在武汉市范围内进行实证研究，在乡镇尺度与地块尺度两个层面进行了相关研究，但由于数据获取的难度，研究没有在区域层面（如武汉城市圈、长江流域经济带等）、省级层面甚至全国层面等较大范围内进行。另外，本书地块尺度研究中选取的地块与实际决策地块有一定差异。本书基于武汉市户均耕地面积的数量级选取了100m×100m格网划分出的地块作为基本决策单元，也即每个决策单元都是等面积的规则形状，但是在实际决策中每个决策单位的面积不同且是不完全规则的。这种差异对本书的研究结果是否有影响？有多大的影响？这些问题是本书地块尺度研究中的不足之处，其本身也是一个非常有意义的研究课题。

（3）耕地非农化的最佳区位预测与实际决策的衔接问题。本书以100m×100m的地块为基本决策单元，利用地理加权logistic模型对耕地非农化的最佳区位进行了预测，前提是每个决策者的信息是对称的、权利是完全的，但在实际情况中这两个前提条件都是难以实现的。第一，耕地非农化的决策者理论上是农民，但实际在耕地是否非农化的决策上农民具有较少的话语权，虽然其耕地的实际使用者，但土地的所有权是国家或农村集体组织的，土地的发展权不在农民对土地的基本权利中，故而在建设用地选址过程中，农民基本是被动接受的状态，而不是耕地非农化主要的决策者，致使土地的使用者与决策者分离。第二，在耕地非农化过程中，农民对于耕地的各项社会经济条件、设施的通达性和环境设施水平等各项指标相对于建设用地的使用者、农村集体组织和政府而言，是信息获取途径最少和较难的一方；对于耕地非农化过程中涉及的征地行为流程、农民自身所拥有的权利等信息也是了解得最少的一方，农民在各方面信息的不完备必然也会影响其决策。如何通过政策或制度的建设促使土地使用者在信息对称前提下成为实际决策者，这有待在后续的研究中进一步拓展。

（4）关于土地利用的空间外部性对土地非均衡发展的空间扩散机制的影响。在土地非均衡发展过程中不可避免地会产生外部性，而外部性又分为外部成本和外部效益。本书利用logistic模型检验耕地非农化的驱动力时，已经验证了土地利用空间外部性的存在（空间外溢效果），但地理加权 logistic 模型建模时本研究基于模型本身性质对空间外溢效果的修正作用而没有将空间外部性纳入模型中。实际上如何建立土地利用空间外部性识别策略，这种空间外部性如何测算对土地非均衡发展的空间扩散机制的研究有相当重要的意义，研究土地利用空间外部性对土地非均衡发展中的空间扩散机制在后续研究中还有待进一步研究。

（5）对本书中提出的优化政策的政策绩效缺乏定量研究。本书根据实证研究的一些结论，从提高土地用途变化的效率、提高土地利用规划的科学性与系统性等方面提出了适合我国土地管理制度的制度优化方向。但本书仅根据境外相关制度的介绍和国内现有研究进行了简单的估算和可行性分析，没有定量测算这种制度对处理外部性问题和对资源配置效率的改进方面的作用，稍显单薄。所以测算管制引发的空间外部性并在此基础上提出解决外部性问题的方法，在后续研究中有待进一步展开。

8.2.2　进一步的研究方向

土地非均衡发展的空间扩散机制对土地资源的管理政策和空间配置有着较大的指导意义，也有很多值得研究的方面，本书在空间数据挖掘的基础上测算并绘制了武汉市土地非均衡发展的空间扩散路径，在空间分析的基础上对土地利用空间关系中的聚集和离散程度进行了测算，确定了考虑到空间关系的土地利用变化的驱动力有哪些，并基于空间计量模型检验分析了驱动力的空间异质性，值得进一步深入研究的问题主要有以下几个方面。

（1）尺度问题的研究。首先，本书的研究是在市级（武汉市）范围内分地块，乡镇两个尺度开展的研究，在后续的研究中，可以扩大研究范围到区域、省或全国，增加市级或省级尺度的分析，通过多尺度的分析来比较不同尺度下研究结果的变化，这对研究土地利用过程中的尺度效应有非常重要的实践意义。其次，本书受到技术的限制在研究中使用格网型地块代替实际决策地块进行相关研究，在后续的研究中，可以通过小范围的调查，探索利用实际决策地块的微观社会经济数据进行研究分析，这种调查研究得到的结果可以与本书已有的研究成果进行对比，验证本研究中研究方法的科学性。

（2）土地利用空间外部性的作用方式及影响范围的研究。本书没有独立核算土地利用空间外部性的大小，而利用对空间外溢效果有调整作用的地理加权 logistic 模型来计算耕地非农化的空间非均衡分布，但实际上土地利用空间外部性对于土地非均衡发展具有不可忽视的影响。后续研究中，若能建立土地利用空间外部性的识别策略并研究其空间变化规律，就能在本书的基础上研究土地利用空间外部性对土地非均衡发展的影响，这对土地资源的空间配置、要素流动方向的掌握有非常积极的意义，能帮助有关部门制定更科学的土地利用总体规划和城市规划，具有重要的应用价值。

（3）政策优化的研究。本书仅根据境外相关制度的介绍和经验提出我国的政策优化方向，没有采取实证分析作为佐证。事实上在土地发展受限与财产权保障的基础上，若要从政策管制或者政策引导方面出发提出政策优化，需要考虑的关键问题是如何解决外部性问题和降低交易费用。在后续的研究中，若能先计算空间外部性的大小，再从降低交易费用的角度出发，提出我国耕地非农化的空间非均衡发展的政策优化方案，就能对耕地管理制度的改革方向提供重要的参考价值。

附录 I 中国科学院土地资源分类标准

一级类型		二级类型		含 义
编号	名称	编号	名称	
1	耕地	—	—	指种植农作物的土地,包括熟耕地、新开荒地、休闲地、轮歇地、草田轮作地;以种植农作物为主的农果、农桑、农林用地;耕种三年以上的滩地和滩涂
		11	水田	指有水源保证和灌溉设施,在一般年景能正常灌溉,用以种植水稻,莲藕等水生农作物的耕地,包括实行水稻和旱地作物轮种的耕地
		12	旱地	指无灌溉水源及设施,靠天然降水生长作物的耕地;有水源和浇灌设施,在一般年景下能正常灌溉的旱作物耕地;以种菜为主的耕地,正常轮作的休闲地和轮歇地
2	林地	—	—	指生长乔木、灌木、竹类、以及沿海红树林地等林业用地
		21	有林地	指郁闭度 >30% 的天然木和人工林。包括用材林、经济林、防护林等成片林地
		22	灌木林	指郁闭度 >40%、高度在 2 米以下的矮林地和灌丛林地
		23	疏林地	指疏林地(郁闭度为 10% ~ 30%)
		24	其他林地	未成林造林地、迹地、苗圃及各类园地(果园、桑园、茶园、热作林园地等)
3	草地	—	—	指以生长草本植物为主,覆盖度在 5% 以上的各类草地,包括以牧为主的灌丛草地和郁闭度在 10% 以下的疏林草地

一级类型		二级类型		含　义
编号	名称	编号	名称	
		31	高覆盖度草地	指覆盖度在 >50% 的天然草地、改良草地和割草地。此类草地一般水分条件较好，草被生长茂密
		32	中覆盖度草地	指覆盖度在 20%~50% 的天然草地和改良草地，此类草地一般水分不足，草被较稀疏
		33	低覆盖度草地	指覆盖度在 5%~20% 的天然草地。此类草地水分缺乏，草被稀疏，牧业利用条件差
4	水域	—	—	指天然陆地水域和水利设施用地
		41	河渠	指天然形成或人工开挖的河流及主干渠常年水位以下的土地，人工渠包括堤岸
		42	湖泊	指天然形成的积水区常年水位以下的土地
		43	水库坑塘	指人工修建的蓄水区常年水位以下的土地
		44	永久性冰川雪地	指常年被冰川和积雪所覆盖的土地
		45	滩涂	指沿海大潮高潮位与低潮位之间的潮侵地带
		46	滩地	指河、湖水域平水期水位与洪水期水位之间的土地
5	城乡、工矿、居民用地	—	—	指城乡居民点及县镇以外的工矿、交通等用地
		51	城镇用地	指大、中、小城市及县镇以上建成区用地
		52	农村居民点	指农村居民点
		53	其他建设用地	指独立于城镇以外的厂矿、大型工业区、油田、盐场、采石场等用地、交通道路、机场及特殊用地
6	未利用土地	—	—	目前还未利用的土地、包括难利用的土地
		61	沙地	指地表为沙覆盖，植被覆盖度在 5% 以下的土地，包括沙漠，不包括水系中的沙滩
		62	戈壁	指地表以碎砾石为主，植被覆盖度在 5% 以下的土地
		63	盐碱地	指地表盐碱聚集，植被稀少，只能生长耐盐碱植物的土地

续表

一级类型		二级类型		含　义
编号	名称	编号	名称	
		64	沼泽地	指地势平坦低洼，排水不畅，长期潮湿，季节性积水或常积水，表层生长湿生植物的土地
		65	裸土地	指地表土质覆盖，植被覆盖度在5%以下的土地
		66	裸岩石砾地	指地表为岩石或石砾，其覆盖面积>5%以下的土地
		67	其他	指其他未利用土地，包括高寒荒漠，苔原等

附录Ⅱ 第二次全国土地调查 土地利用分类标准

一级类型		二级类型	
编号	名称	编号	名称
01	耕地	11	水田
		12	水浇地
		13	旱地
02	园地	21	果园
		22	茶园
		23	其他园地
03	林地	31	有林地
		32	灌木林地
		33	其他林地
04	草地	41	天然牧草地
		42	人工牧草地
		43	其他草地
20	城镇村及工矿用地	201	城市
		202	建制镇
		203	村庄
		204	采矿用地
		205	风景名胜及特殊用地
10	交通运输用地	101	铁路用地
		102	公路用地
		104	农村道路

续表

一级类型		二级类型	
编号	名称	编号	名称
10	交通运输用地	105	机场用地
		106	港口码头用地
		107	管道运输用地
11	水域及水利设施用地	111	河流水面
		112	湖泊水面
		113	水库水面
		114	坑塘水面
		116	内陆滩涂
		117	沟渠
		118	水工建筑用地
12	其他土地	122	设施农业地
		123	田坎
		124	盐碱地
		125	沼泽地
		126	沙地
		127	裸地

附录Ⅲ 多源土地利用分类数据整合的相关说明

表Ⅲ-1 土地利用分类标准的转换与对应的栅格属性赋值

栅格属性赋值	地类名称	中科院分类标准二级类型编号	第二次土地调查分类标准二级类型编号
1	耕地	11，12	11，12，13，122，123
2	林地	21，22，23，24	21，22，23，31，32，33
4	草地	31，32，33	41，42，43
8	水域	41，42，43，44，45，46	111，112，113，114，115，116，117，118
16	城镇用地	51	201，202
32	农村居民点	52	203
64	其他建设用地	53	204，205，101，102，103，104，105，106，107
128	未利用地	61，62，63，64，65，66，67	124，125，126，127

表Ⅲ-2 栅格运算结果与各地类转换的对应关系

地类名称	耕地	林地	草地	水域	城镇用地	农村居民点	其他建设用地	未利用地
耕地	0	-1	-3	-7	-15	-31	-63	-127
林地	1	0	-2	-6	-14	-30	-62	-126
草地	3	2	0	-4	-12	-28	-60	-124
水域	7	6	4	0	-8	-24	-56	-120
城镇用地	15	14	12	8	0	-16	-48	-112
农村居民点	31	30	28	24	16	0	-32	-96
其他建设用地	63	62	60	56	48	32	0	-64
未利用地	127	126	124	120	112	96	64	0

附录Ⅳ　本书相关模型说明

本研究中的 logistic 模型和地理加权 logistic 模型的参数估计均是在 Matlab 中编程运行实现，原始数据是从 ArcGIS 中将图形数据由栅格格式导出为 ASCⅡ 格式，再在 Matlab 中进行运算。ArcGIS 中栅格导出的数据特征为：图形数据所在的最小方形区域均有数据输出，但原图形中有属性的输出原属性值，没有属性的空白处按 -9999 输出，故本书的原始数据均是 1531 × 1244 的矩阵。通过样本总量计算后决定抽样的样本数为 9000，抽样的公式和原则见正文。

（1）logistic 模型 matlab 程序。

```
y1 = load('C:\Users\ibm\Desktop\drivingforce\landuse2000.txt');
y2 = load('C:\Users\ibm\Desktop\drivingforce\landuse2011.txt');
Z0 = y1 - y2;
[m,n] = size(Z0);

for i = 1:m
    for j = 1:n
        if Z0(i,j) ~ = -31
            Z0(i,j) = -9999;
        end
    end
end

for i = 1:m
    for j = 1:n
```

```
        if (y1(i,j) = =1)&&(y2(i,j) = =1)
            Z1(i,j) =1;
        else
            Z1(i,j) = -9999;
        end
    end
end

Z = Z0 + Z1;
for i =1:m
    for j =1:n
        if Z(i,j) = = -9998
            Z(i,j) =0;
        else
            if Z(i,j) = = -10030
                Z(i,j) =1;
            else
                Z(i,j) = -9999;
            end
        end
    end
end
x1 = load('C: \Users \ibm \Desktop \drivingforce \ht.txt');
x2 = load('C: \Users \ibm \Desktop \drivingforce \sl.txt');
x3 = load('C: \Users \ibm \Desktop \drivingforce \s_f.txt');
x4 = load('C: \Users \ibm \Desktop \drivingforce \s_c.txt');
x5 = load('C: \Users \ibm \Desktop \drivingforce \d_lk.txt');
x6 = load('C: \Users \ibm \Desktop \drivingforce \d_rv.txt');
x7 = load('C: \Users \ibm \Desktop \drivingforce \d_rail.txt');
x8 = load('C: \Users \ibm \Desktop \drivingforce \d_road.txt');
x9 = load('C: \Users \ibm \Desktop \drivingforce \d_gr.txt');
```

```
x10 = load('C: \Users \ibm \Desktop \drivingforce \d_sch.txt');
x11 = load('C: \Users \ibm \Desktop \drivingforce \d_uni.txt');
x12 = load('C: \Users \ibm \Desktop \drivingforce \gdp.txt');
x13 = load('C: \Users \ibm \Desktop \drivingforce \pop.txt');
x14 = load('C: \Users \ibm \Desktop \drivingforce \p_p.txt');
x15 = load('C: \Users \ibm \Desktop \drivingforce \p_c.txt');
x01 = reshape(x1',1531 * 1244,1);
x02 = reshape(x2',1531 * 1244,1);
x03 = reshape(x3',1531 * 1244,1);
x04 = reshape(x4',1531 * 1244,1);
x05 = reshape(x5',1531 * 1244,1);
x06 = reshape(x6',1531 * 1244,1);
x07 = reshape(x7',1531 * 1244,1);
x08 = reshape(x8',1531 * 1244,1);
x09 = reshape(x9',1531 * 1244,1);
x10 = reshape(x10',1531 * 1244,1);
x11 = reshape(x11',1531 * 1244,1);
x12 = reshape(x12',1531 * 1244,1);
x13 = reshape(x13',1531 * 1244,1);
x14 = reshape(x14',1531 * 1244,1);
x15 = reshape(x15',1531 * 1244,1);
x0 = [x01,x02,x03,x04,x05,x06,x07,x08,x09,x10,x11,x12,x13,x14,x15];
y0 = reshape(Z',1531 * 1244,1);
y0 = y0';
y = y0(y0 ~ = -9999);y = y';
xx = x0(y0 ~ = -9999,:);
x = [xx(:,1),xx(:,2),xx(:,3),xx(:,4),xx(:,5),xx(:,6),xx(:,7),(xx(:,8),
(xx(:,9),xx(:,10), xx(:,11),xx(:,12),xx(:,13),xx(:,14),xx(:,15)];
[b,dev,stats] = glmfit(x,y,'binomial', 'link', 'logit');
p = glmval(b,x, 'logit');
```

```
nobs = length(y);
x = [ones(nobs,1),xx(:,1),xx(:,2),xx(:,3),xx(:,4),xx(:,5),xx(:,6),xx(:,
7),xx(:,8),xx(:,9),xx(:,10), xx(:,11),xx(:,12),xx(:,13),xx(:,14),xx(:,
15)];
alpha = 0.05;
[b,bint,r,rint,stats] = regress(p,x,alpha);
b';
p';

[m,n] = size(Z);
result = ones(m,n) * ( -9999);

k = find(y0 ~ = -9999);

temp = reshape(result,m * n,1);

for i = 1:length(k)
    temp(k(i)) = p(i);
end

DD = reshape(temp,n,m);
D = DD';
dlmwrite('p.txt',D);
```

（2）地理加权 logistic 模型 matlab 程序（调用了 Matlab 空间计量工具箱中的函数 gwr_logit）。

```
y1 = load('C:\Users\ibm\Desktop\drivingforce\landuse2000.txt');
y2 = load('C:\Users\ibm\Desktop\drivingforce\landuse2011.txt');
Z0 = y1 - y2;
[m,n] = size(Z0);

for i = 1:m
```

```
    for j =1:n
        if Z0(i,j) ~ = -31
            Z0(i,j) = -9999;
        end
    end
end

for i =1:m
    for j =1:n
        if (y1(i,j) = =1)&&(y2(i,j) = =1)
            Z1(i,j) =1;
        else
            Z1(i,j) = -9999;
        end
    end
end

Z = Z0 + Z1;
for i =1:m
    for j =1:n
        if Z(i,j) = = -9998
            Z(i,j) =0;
        else
            if Z(i,j) = = -10030
                Z(i,j) =1;
            else
                Z(i,j) = -9999;
            end
        end
    end
end
```

```
x1 = load('C:\Users\ibm\Desktop\drivingforce\ht.txt');
x2 = load('C:\Users\ibm\Desktop\drivingforce\sl.txt');
x3 = load('C:\Users\ibm\Desktop\drivingforce\d_lk.txt');
x4 = load('C:\Users\ibm\Desktop\drivingforce\d_rv.txt');
x5 = load('C:\Users\ibm\Desktop\drivingforce\d_rail.txt');
x6 = load('C:\Users\ibm\Desktop\drivingforce\d_road.txt');
x7 = load('C:\Users\ibm\Desktop\drivingforce\d_gr.txt');
x8 = load('C:\Users\ibm\Desktop\drivingforce\d_sch.txt');
x9 = load('C:\Users\ibm\Desktop\drivingforce\d_uni.txt');
x10 = load('C:\Users\ibm\Desktop\drivingforce\gdp.txt');
x11 = load('C:\Users\ibm\Desktop\drivingforce\pop.txt');
x12 = load('C:\Users\ibm\Desktop\drivingforce\p_p.txt');
x13 = load('C:\Users\ibm\Desktop\drivingforce\p_c.txt');
x14 = load('C:\Users\ibm\Desktop\drivingforce\north.txt');
x15 = load('C:\Users\ibm\Desktop\drivingforce\east.txt');


x01 = reshape(x1',1531*1244,1);
x02 = reshape(x2',1531*1244,1);
x03 = reshape(x3',1531*1244,1);
x04 = reshape(x4',1531*1244,1);
x05 = reshape(x5',1531*1244,1);
x06 = reshape(x6',1531*1244,1);
x07 = reshape(x7',1531*1244,1);
x08 = reshape(x8',1531*1244,1);
x09 = reshape(x9',1531*1244,1);
x10 = reshape(x10',1531*1244,1);
x11 = reshape(x11',1531*1244,1);
x12 = reshape(x12',1531*1244,1);
x13 = reshape(x13',1531*1244,1);
x14 = reshape(x14',1531*1244,1);
x15 = reshape(x15',1531*1244,1);
```

```
x0 = [x01,x02,x03,x04,x05,x06,x07,x08,x09,x10,x11,x12,x13,x14,x15];
y0 = reshape(Z',1531 * 1244,1);
y0 = y0';
y = y0(y0 ~ = -9999);y = y';
xx = x0(y0 ~ = -9999,:);


x = [ones(sampled,1),xx(:,1),xx(:,2),xx(:,3), xx(:,4), xx(:,5), xx(:,6),
xx(:,8),xx(:,9),xx(:,12),xx(:,13)];
[nobs nvar] = size(x);
north = xx(:,14);    % 取出anselin 矩阵中的第4列赋值给north
east = xx(:,15);     % 取出anselin 矩阵中的第5列赋值给east
 = strvcat('ht','sl','d_lk','d_rv','d_rail','d_road','d_gr','d_sch','d_uni','
gdp','pop','p_p','p_c','hvalue');
info.dtype = 'gaussian';
result1 = gwr_logit(ys,x,east,north,info);


[m,n] = size(Z);
result = ones(m,n) * (-9999);
k = find(y0 ~ = -9999);
temp = reshape(result,m * n,1);
for i = 1:length(k)
    temp(k(i)) = yp(i);
end
DD = reshape(temp,n,m);
D = DD';


dlmwrite('gwryp.txt',D);
```

（3）抽样的 matlab 程序。

```
nobs = length(y);
sampled = 2000;
item = floor(nobs/sampled);
```

```
randindex = randi(item);
for i =1:sampled
    index(i) = (i -1) * item + randindex;
end
yy = -9999 * ones(nobs,1);
yy(index,:) = y(index,:);
ys = yy(yy ~ = -9999);
xs = xx(yy ~ = -9999,:);

nobs = length(y);
yp = -9999 * ones(nobs,1);
for i =1:sampled              % 将处理好之后的数据返回到抽样前的数据
    yp(index(i),:) = result1.yhat(i,:);  % ss = simple *1 , ss 是算出来的数
                                         据; yp 是根据模型算出来的y 的估计值

end
```

程序中斜体字是非运行程序的解释说明文字。计算出的 p. txt 和 gwryp. txt 分别是 logistic 和地理加权 logistic 模型的估计值，是标准的 1531 × 1244 矩阵，通过加入空间信息后即可作为 ASC II 格式的数据导入 ArcGIS 中，转为带有空间信息的可视与可编辑的图形数据。

参 考 文 献

1. 摆万奇. 深圳市土地利用动态趋势分析 [J]. 自然资源学报, 2000 (2): 112-116.

2. 摆万奇, 孙会首, 阎建忠. 大渡河上游地区土地覆被动态变化的尺度效应 [J]. 自然资源学报, 2009 (2): 335-343.

3. 摆万奇, 阎建忠, 张镱锂. 大渡河上游地区土地利用/土地覆被变化与驱动力分析 [J]. 地理科学进展, 2004 (1): 71-78.

4. 包玉海, 乌兰图雅, 香宝, 赵晓丽. 内蒙古耕地重心移动及其驱动因子分析 [J]. 地理科学进展, 1998 (4): 49-56.

5. 边泰明. 容积移转经济分析 [J]. 土地经济年刊, 2000 (11): 27-37.

6. 边泰明. 土地使用规划与财产权: 理论与实务 [M]. 台北: 詹氏书局, 2002.

7. 蔡玉梅, 任国柱. 中国三大地带耕地的时空演变特征及对策 [J]. 资源科学, 1998 (5): 43-48.

8. 曹银贵, 袁春, 周伟. 中国耕地变化的驱动因子及其省域差异分析 [J]. 中国土地科学, 2008 (2): 17-22.

9. 陈江龙, 曲福田, 陈雯. 农地非农化效率的空间差异及其对土地利用政策调整的启示 [J]. 管理世界, 2004 (8): 37-42, 155.

10. 陈江平, 张瑶, 余远剑. 空间自相关的可塑性面积单元问题效应 [J]. 地理学报, 2011 (12): 1597-1606.

11. 陈利根, 龙开胜. 耕地资源数量与经济发展关系的计量分析 [J]. 中国土地科学, 2007 (4): 4-10.

12. 陈明灿. 土地使用限制补偿之法制经济分析 [J]. 中正大学法学集刊, 2002 (8): 147-189.

13. 程久苗. 试论土地用途管制 [J]. 中国农村经济, 2000 (7): 22-25, 30.

14. 程烨. 土地利用控制与土地用途分区管制浅析 [J]. 中国土地科学, 2001 (4): 22-25.

15. 崔步礼, 常学礼, 左登华. 沙地景观中矢量数据栅格化方法及尺度效应 [J]. 生态学报, 2009 (5): 2463-2472.

16. 杜国明, 张树文, 张有全. 城市人口分布的空间自相关分析——以沈阳市为例 [J]. 地理研究, 2007 (2): 383-390.

17. 杜业明. 现行农村土地发展权制度的不均衡性及其变迁 [J]. 西北农林科技大学学报 (社会科学版), 2004 (1): 4-8.

18. 樊杰. 中国农村工业化的经济分析及省际发展水平差异 [J]. 地理学报, 1996 (5): 398-407.

19. 冯宗宪, 黄建山. 1978—2003 年中国经济重心与产业重心的动态轨迹及其对比研究 [J]. 经济地理, 2006 (2): 249-254, 269.

20. 高凯, 周志翔, 杨玉萍. 长江流域土地利用结构及其空间自相关分析 [J]. 长江流域资源与环境, 2010 (S1): 13-20.

21. 高志强, 刘纪远, 庄大方. 我国耕地面积重心及耕地生态背景质量的动态变化 [J]. 自然资源学报, 1998 (1): 92-96.

22. 葛美玲, 封志明. 中国人口分布的密度分级与重心曲线特征分析 [J]. 地理学报, 2009 (2): 202-210.

23. 龚建周, 夏北成, 李楠. 广州市土地覆被格局异质性的尺度与等级特征 [J]. 地理学报, 2006 (8): 873-881.

24. 关兴良, 方创琳, 鲁莎莎. 中国耕地变化的空间格局与重心曲线动态分析 [J]. 自然资源学报, 2010 (12): 1997-2006.

25. 关兴良, 方创琳, 周敏, 武红. 武汉城市群城镇用地空间扩展时空特征分析 [J]. 自然资源学报, 2012 (9): 1447-1459.

26. 郭贯成. 耕地面积变化与经济发展水平的相关分析——以江苏十三个

市为例 [J]. 长江流域资源与环境, 2001 (5): 440-447.

27. 郭杰, 欧名豪, 刘琼. 江苏省耕地资源动态变化及驱动力研究 [J]. 长江流域资源与环境, 2009 (2): 139-145.

28. 韩俊. 中国农村土地制度建设三题 [J]. 管理世界, 1999 (3): 184-195.

29. 胡宏昌. TDR (发展权转移) 在美国之发展与检讨 [J]. 空间杂志, 1997 (1): 65-74.

30. 胡伟艳, 张安录, 渠丽萍. 人口、就业与土地非农化的相互关系研究 [J]. 中国人口·资源与环境, 2009 (5): 104-110.

31. 黄宁生. 广东耕地面积变化的空间分布特征及其与经济、人口增长的关系 [J]. 热带地理, 1999 (1): 30-35.

32. 黄宁生. 广东耕地面积变化与经济发展关系的初步研究 [J]. 中国人口·资源与环境, 1998 (4): 36-40.

33. 蒋省三, 刘守英. 土地资本化与农村工业化——广东省佛山市南海经济发展调查 [J]. 管理世界, 2003 (11): 87-97.

34. 柯新利, 邓祥征, 刘成武. 基于分区异步元胞自动机模型的耕地利用布局优化——以武汉城市圈为例 [J]. 地理科学进展, 2010 (11): 1442-1450.

35. 匡文慧, 张树文, 张养贞. 1900 年以来长春市土地利用空间扩张机理分析 [J]. 地理学报, 2005 (5): 841-850.

36. 赖宗裕. 成长管理与规划经济 [Z]. 台湾政治大学地政学系成长管理与规划经济讲义, 2013.

37. 赖宗裕, 胡宏昌. 建构容积移转机制之探讨——对都市计划容积移转办法草案之评论 [J]. 经社法制论丛, 1999, 23 (1): 239-265.

38. 赖宗裕, 李家侬. 现行容积移转制度与容积可移转量评估之探讨 [J]. 土地经济年刊, 2000 (11): 69-98.

39. 李家侬. 容受力应用于都市地区建筑容积总量管制之探讨 [J]. 土地问题研究季刊, 2007, 6 (9): 82-97.

40. 李景刚, 何春阳, 史培军, 陈晋, 辜智慧, 徐伟. 近 20 年中国北方13 省的耕地变化与驱动力 [J]. 地理学报, 2004 (2): 274-282.

41. 李永乐, 吴群. 经济增长与耕地非农化的 Kuznets 曲线验证——来自中国省际面板数据的证据 [J]. 资源科学, 2008 (5): 667 – 672.

42. 廖佳展. 现行容积移转制度下的容积移转估价方法之初探 [J]. 土地问题研究季刊, 2005, 4 (6): 110 – 119.

43. 刘国臻. 房地产老板之暴富与土地发展权研究 [J]. 中山大学学报 (社会科学版), 2007 (3): 119 – 123, 128.

44. 刘国臻. 论英国土地发展权制度及其对我国的启示 [J]. 法学评论, 2008, 26 (4): 141 – 146.

45. 刘厚连. 建筑容积移转制度运用于解决既成道路问题之研究 [D]. 台湾政治大学, 1998.

46. 刘吉平, 吕宪国, 崔炜炜. 别拉洪河流域湿地变化的多尺度空间自相关分析 [J]. 水科学进展, 2010 (3): 392 – 398.

47. 刘丽军, 宋敏, 屈宝香. 中国耕地非农化的区域差异及其收敛性 [J]. 资源科学, 2009 (1): 116 – 122.

48. 刘敏, 赵翠薇, 施明辉. 贵州山区土地利用变化多尺度空间自相关分析 [J]. 农业工程学报, 2012 (20): 239 – 246 + 300.

49. 刘明明. 论我国土地发展权的归属和实现 [J]. 农村经济, 2008 (10): 94 – 97.

50. 刘庆, 陈利根, 张凤荣. 中国 1986 年至 2006 年耕地非农化数量与经济发展关系的计量分析 [J]. 资源科学, 2009 (5): 787 – 793.

51. 刘涛, 曹广忠. 城市规模的空间聚散与中心城市影响力——基于中国637 个城市空间自相关的实证 [J]. 地理研究, 2012 (7): 1317 – 1327.

52. 刘旭华, 王劲峰, 刘纪远. 国家尺度耕地变化驱动力的定量分析方法 [J]. 农业工程学报, 2005 (4): 56 – 60.

53. 刘旭华, 王劲峰, 刘明亮. 中国耕地变化驱动力分区研究 [J]. 中国科学 (D 辑: 地球科学), 2005 (11): 1087 – 1095.

54. 陆红生. 土地管理学总论 [M]. 北京: 中国农业出版社, 2007.

55. 马劲松, 刘晓峰, 左天惠. 南京市土地利用强度指数异质性研究 [J]. 测绘科学, 2010 (4): 49 – 51.

56. 孟祥远. 城市化背景下农村土地流转的成效及问题——以嘉兴模式和无锡模式为例 [J]. 城市问题, 2012 (12): 68-72.

57. 闵捷, 张安录, 吴中元. 农地城市流转驱动机制的时空尺度效应分析 [J]. 自然资源学报, 2008 (5): 808-820.

58. 慕晓飞, 雷磊. 东北经济重心演变及区域发展均衡性研究 [J]. 经济地理, 2011 (3): 366-370.

59. 穆松林, 高建华, 毋晓蕾, 刘娟. 土地发展权及其与土地用途管制的关系 [J]. 农村经济, 2009 (11): 26-28.

60. 祁彩虹, 金则新, 李钧敏. 浙江天台山甜槠种群遗传结构的空间自相关分析 [J]. 生态学报, 2011 (18): 5130-5137.

61. 钱忠好. 中国农地保护：理论与政策分析 [J]. 管理世界, 2003 (10): 60-70.

62. 钱忠好. 中国农地保护政策的理性反思 [J]. 中国土地科学, 2003 (5): 14-18.

63. 邱炳文, 王钦敏, 陈崇成, 池天河. 福建省土地利用多尺度空间自相关分析 [J]. 自然资源学报, 2007 (2): 311-321.

64. 曲福田, 陈江龙, 陈雯. 农地非农化经济驱动机制的理论分析与实证研究 [J]. 自然资源学报, 2005 (2): 231-241.

65. 沈守愚. 论设立农地发展权的理论基础和重要意义 [J]. 中国土地科学, 1998 (1): 18-20.

66. 孙平军, 封小平, 孙弘. 2000—2009 年长春、吉林城市蔓延特征、效应与驱动力比较研究 [J]. 地理科学进展, 2013 (3): 381-388.

67. 谭峻, 戴银萍, 高伟. 浙江省基本农田易地有偿代保制度个案分析 [J]. 管理世界, 2004 (3): 105-111.

68. 谭荣, 曲福田, 郭忠兴. 中国耕地非农化对经济增长贡献的地区差异分析 [J]. 长江流域资源与环境, 2005 (3): 277-281.

69. 谭荣, 曲福田. 农地非农化的空间配置效率与农地损失 [J]. 中国软科学, 2006 (5): 49-57.

70. 谭永忠, 吴次芳, 牟永铭. 20 世纪 90 年代浙江省耕地非农化过程分

析 [J]. 地理科学, 2004 (1): 14 - 19.

71. 涂平子. 容积移转与都市质量: 纽约市古迹保存与扩大使用发展权移转办法争议 [J]. 城市与设计学报, 1999, 3 (3): 239 - 265.

72. 万胜超, 王良健, 刘敏. 基于空间的省际农地非农化驱动因素研究 [J]. 经济地理, 2012 (7): 123 - 128.

73. 汪晗, 聂鑫, 张安录. 武汉市农地发展权定价研究 [J]. 中国土地科学, 2011 (7): 66 - 71.

74. 王国杰, 廖善刚. 土地利用强度变化的空间异质性研究 [J]. 应用生态学报, 2006 (4): 4611 - 4614.

75. 王海鸿, 马琼, 付士波, 韩娜娜. 西北干旱半干旱区耕地面积变化与人口、经济发展的相关关系研究——以甘肃省为例 [J]. 干旱区资源与环境, 2011 (1): 74 - 79.

76. 王磊, 刘逢媛, 李双成. 耕地非农化格局的演变及其影响因子分析——以京津冀都市圈为例 [J]. 中国土地科学, 2008 (1): 32 - 38.

77. 王万茂. 土地用途管制的实施及其效益的理性分析 [J]. 中国土地科学, 1999 (3): 10 - 13.

78. 韦素琼, 陈健飞. 闽台耕地非农化及关联因子的比较研究 [J]. 自然资源学报, 2004 (5): 568 - 576.

79. 文继群, 濮励杰, 张润森. 耕地资源变化的空间计量及其驱动力分析——以江苏省为例 [J]. 长江流域资源与环境, 2011 (5): 628 - 634.

80. 肖思思, 吴春笃, 储金宇. 近15年中国耕地驱动因素的空间差异分析 [J]. 中国土地科学, 2013 (7): 55 - 61.

81. 谢高地, 成升魁, 丁贤忠. 人口增长胁迫下的全球土地利用变化研究 [J]. 自然资源学报, 1999 (3): 2 - 8.

82. 谢琦强, 庄翰华. 台湾容积移转制度的潜在开发区位特性——台中市个案研究 [J]. 华冈地理学报, 2006 (19): 39 - 57.

83. 谢正峰, 王倩. 广州市土地利用程度的空间自相关分析 [J]. 热带地理, 2009 (2): 129 - 133.

84. 徐建华, 岳文泽. 近20年来中国人口重心与经济重心的演变及其对

比分析 [J]. 地理科学, 2001 (5): 385-389.

85. 许恒周, 金晶. 耕地非农化与区域经济增长的因果关系和耦合协调性分析——基于中国省际面板数据的实证研究 [J]. 公共管理学报, 2011 (3): 64-72, 126.

86. 严祥, 蔡运龙, 陈睿山. 土地变化驱动力研究的尺度问题 [J]. 地理科学进展, 2010 (11): 1408-1413.

87. 杨继瑞, 汪锐, 马永坤. 统筹城乡实践的重庆"地票"交易创新探索 [J]. 中国农村经济, 2011 (11): 4-9, 22.

88. 杨杨, 吴次芳. 泛长江三角洲区域经济空间差异分析——基于经验贝叶斯修正的空间自相关指数 [J]. 长江流域资源与环境, 2011 (5): 513-518.

89. 叶浩, 濮励杰. 江苏省耕地面积变化与经济增长的协整性与因果关系分析 [J]. 自然资源学报, 2007 (5): 766-774.

90. 叶俊荣. 出卖环境权: 从五轻设厂的十五亿回馈基金谈起 [J]. 国家科学委员会研究汇刊: 人文及社会科学. 1992, 2 (1), 17-34.

91. 余蓉蓉, 王克林, 岳跃民. 桂西北河池地区耕地变化及其驱动力 Logistic 回归分析 [J]. 长江流域资源与环境, 2010 (2): 186-191.

92. 苑韶峰, 杨丽霞, 杨桂山. 耕地非农化的社会经济驱动因素异质性研究——基于 STIRPAT 和 GWR 模型的实证分析 [J]. 经济地理, 2013 (5): 137-143.

93. 张安录. 城乡生态经济交错区农地城市流转机制与制度创新 [J]. 中国农村经济, 1999 (7): 43-49.

94. 张安录. 可转移发展权与农地城市流转控制 [J]. 中国农村观察, 2000 (2): 20-25.

95. 张基凯, 吴群, 黄秀欣. 耕地非农化对经济增长贡献的区域差异研究——基于山东省 17 个地级市面板数据的分析 [J]. 资源科学, 2010 (5): 959-969.

96. 张俊峰, 张安录. 武汉城市圈土地资源空间异质性及其效应分析 [J]. 农业现代化研究, 2014 (4): 424-429.

97. 张良悦. 土地发展权框架下失地农民的补偿 [J]. 东南学术, 2007

(6): 4 - 9.

98. 张全景，欧名豪，王万茂. 中国土地用途管制制度的耕地保护绩效及其区域差异研究 [J]. 中国土地科学，2008 (9): 8 - 13.

99. 张蔚文，李学文. 外部性作用下的耕地非农化权配置——"浙江模式"的可转让土地发展权真的有效率吗? [J]. 管理世界，2011 (6): 47 - 62.

100. 张兴榆，黄贤金，赵云泰. 近10年江苏省土地利用重心与经济重心迁移轨迹对比分析 [J]. 长江流域资源与环境，2011 (1): 14 - 20.

101. 赵小风，黄贤金，张兴榆. 区域COD、SO_2及TSP排放的空间自相关分析：以江苏省为例 [J]. 环境科学，2009 (6): 1580 - 1587.

102. 周杰文，张璐. 中部地区经济差异的空间尺度效应分析 [J]. 地理与地理信息科学，2011 (1): 49 - 52.

103. 周京奎，王岳龙. 大中城市周边农地非农化进程驱动机制分析——基于中国130个城市面板数据的检验 [J]. 经济评论，2010 (2): 24 - 34.

104. 周民良. 经济重心、区域差距与协调发展 [J]. 中国社会科学，2000 (2): 42 - 53, 206.

105. 朱会义，何书金，张明. 环渤海地区土地利用变化的驱动力分析 [J]. 地理研究，2001 (6): 669 - 678.

106. 诸培新，曲福田. 耕地资源非农化配置的经济学分析 [J]. 中国土地科学，2002 (5): 14 - 17.

107. Anselin L, Getis A. Spatial statistical analysis and geographic information systems [J]. *The Annals of Regional Science*, 1992, 26 (1): 19 - 33.

108. Anselin L. Local indicators of spatial association—LISA [J]. *Geographic alanalysis*, 1995, 27 (2): 93 - 115.

109. Anselin L, Rey S. Properties of Tests for Spatial Dependence in Linear Regression Models [J]. *Geographical Analysis*, 1991, 23 (2): 112 - 131.

110. Anselin L. *Spatial Econometrics: Methods and Models* [M]. Springer, 1988.

111. Anselin L. Spatial externalities, spatialmultipliers, andspatialeconometrics [J]. *International Regional Science Review*, 2003, 26 (2): 153 - 166.

112. Armsworth P R, Daily G C, Kareiva P, et al. Land market feedbacks can

undermine biodiversity conservation [J]. *Proceedings of the National Academy of Sciences*, 2006, 103 (14): 5403 – 5408.

113. Atkinson P M, German S E, Sear D A, et al. Exploring the relations between riverbank erosion and geomorphological controls using geographically weighted logistic regression [J]. *Geographical Analysis*, 2003, 35 (1): 58 – 82.

114. Azadi H, Ho P, Hasfiati L. Agricultural land conversion drivers: acomparison between less developed, developing and developed countries [J]. *Land Degradation & Development*, 2011, 22 (6): 596 – 604.

115. Barbier E B. The economics of tropical deforestation and landuse: an introduction to the special issue [J]. *Land Economics*, 2001, 77 (2): 155 – 171.

116. Belzer D, Autler G, Economics S. *Transit Oriented Development: Moving from Rhetoric to Reality* [M]. Washington, DC: Brookings Institution Center on Urbanand Metropolitan Policy, 2002.

117. Betts M G, Diamond A W, Forbes G J, et al. The importance of spatial autocorrelation, extent and resolution in predicting forest bird occurrence [J]. *Ecological Modelling*, 2006, 191 (2): 197 – 224.

118. Bin O, Landry C E, Meyer G F. Riparian buffers and hedonic prices: a quasi-experiment alanalysis of residential property values in the Neuse River basin [J]. *American Journal of Agricultural Economics*, 2009, 91 (4): 1067 – 1079.

119. Bockstael N E. Modeling economics and ecology: the importance of a spatial perspective [J]. *American Journal of Agricultural Economics*, 1996, 78 (5): 1168 – 1180.

120. Brunsdon C, Fotheringham A S, Charlton M E. Geographically weighted regression: a method for exploring spatial nonstationarity [J]. *Geographic alanalysis*, 1996, 28 (4): 281 – 298.

121. Calabresi G, Melamed A D. Property rules, liability rules, and inalienability: one view of the cathedral [J]. *Harvard Law Review*, 1972: 1089 – 1128.

122. Calthorpe P. *The Next American Metropolis: Ecology, Community, and the American Dream* [M]. Princeton Architectural Press, 1993.

123. Can A. Specification and estimation of hedonic housing price models [J]. *Regional Science and Urban Economics*, 1992, 22 (3): 453 –474.

124. Carrión-Flores C, Irwin E G. Identifying spatial interactions in the presence of spatial error autocorrelation: An application to landuse spillovers [J]. *Resource and Energy Economics*, 2010, 32 (2): 135 –153.

125. Chakir R, Parent O. Determinants of landuse changes: A spatial multinomial probit approach [J]. *Papers in Regional Science*, 2009, 88 (2): 327 –344.

126. Clark C. *Population Growth and Landuse* [M]. Springer, 1977.

127. Cleveland W S. Robust locally weighted regression and smoothing scatter plots [J]. *Journal of the American statistical association*, 1979, 74 (368): 829 –836.

128. Cliff A D, Ord J. K. *Spatial Autocorrelation* [M]. London: Pion, 1973.

129. Coase R H. Problem of social cost [J]. *Journal of Law and Economics*, 1960, 3: 1.

130. Cropper M, Griffiths C, Mani M. Roads, population pressures, and deforestation in Thailand, 1976 – 1989 [J]. *Land Economics*, 1999: 58 –73.

131. Dahl T E. Status and trends of wetlands in the conterminous United States 1986 to 1997 [R]. US Fish and Wildlife Service, 2000.

132. Dehring C A, Lind M S. Residential land-use controls and landvalues: Zoning and covenant interactions [J]. *Land Economics*, 2007, 83 (4): 445 –457.

133. Deng X, Huang J, Rozelle S, et al. Cultivated land conversion and potential agricultural productivity in China [J]. *Land Use Policy*, 2006, 23 (4): 372 –384.

134. Deng X, Huang J, Rozelle S, et al. Growth, population and industrialization, and urban land expansion of China [J]. *Journal of Urban Economics*, 2008, 63 (1): 96 –115.

135. Dubin R A. Spatial autocorrelation and neighborhood quality [J]. *Regional Science and Urban Economics*, 1992, 22 (3): 433 –452.

136. Fahrig L. Effects of habitat fragmentation on biodiversity ［R］. Annual review of ecology, evolution, and systematics, 2003: 487 – 515.

137. Fischel W A. *Do Growth Controls Matter? A Review of Empirical Evidence on the Effectiveness and Efficiency of Local Government Land Use Regulation* ［M］. Cambridge, Mass: Lincoln Institute of Land Policy, 1990.

138. Fischer M M, Getis A. *Recent Developments in Spatial Analysis: Spatial Statistics, Behavioural Modelling and Computational Intelligence* ［M］. Springer, 1997.

139. Fleming M M. Growth controls and fragmented suburb and evelopment: the effect on land values ［J］. *Geographic Information Sciences*, 1999, 5 (2): 154 – 162.

140. Geoghegan J, Wainger L A, Bockstael N E. Spatial landscape indices in a hedonic framework: an ecological economics analysis using GIS ［J］. *Ecological Economics*, 1997, 23 (3): 251 – 264.

141. Hasse J E, Lathrop R G. Land resource impact indicators of urban sprawl ［J］. *Applied Geography*, 2003, 23 (2): 159 – 175.

142. Heimlich R E, Anderson W D. Development at the urban fringe and beyond: impacts on agriculture and rural land ［R］. United States Department of Agriculture, Economic Research Service, 2001.

143. Ioffe G, Nefedova T. Land use changes in the environs of Moscow ［J］. *Area*, 2001, 33 (3): 273 – 286.

144. Irwin E G, Bell K P, Bockstael N E, et al. The economics of urban-rural space ［J］. *Annual Review of Resource Economics*, 2009, 1 (1): 435 – 459.

145. Irwin E G, Bockstael N E. Interacting agents, spatial externalities and the evolution of residential land use patterns ［J］. *Journal of Economic Geography*, 2002, 2 (1): 31 – 54.

146. Irwin E G, Bockstael N E. The evolution of urban sprawl: evidence of spatial heterogeneity and increasing land fragmentation ［J］. *Proceedings of the National Academy of Sciences*, 2007, 104 (52): 20672 – 20677.

147. Irwin E G, Bockstael N E. The problem of identifying land use spillovers:

measuring the effects of open space on residential property values [J]. *American Journal of Agricultural Economics*, 2001: 698 –704.

148. Irwin E G. The effects of open space on residential property values [J]. *Land Economics*, 2002, 78 (4): 465 –480.

149. Jenerette G D, Potere D. Global analysis and simulation of land-use change associated with urbanization [J]. *Landscape Ecology*, 2010, 25 (5): 657 –670.

150. Jiang L, Deng X, Seto K C. The impact of urban expansion on agricultural landuse intensity in China [J]. *Land Use Policy*, 2013, 35 (0): 33 –39.

151. Kamusoko C, Aniya M, Adi B, et al. Rural sustainability under threat in Zimbabwe-simulation of future land use/cover changes in the Bindura district based on the Markov-cellular automata model [J]. *Applied Geography*, 2009, 29 (3): 435 –447.

152. Leggett C G, Bockstael N E. Evidence of the effects of water quality on residential land prices [J]. *Journal of Environmental Economics and Management*, 2000, 39 (2): 121 –144.

153. LeSage J, Pace R K. *Introduction to Spatial Econometrics* [M]. Chapman and Hall/CRC, 2008.

154. LeSage J P. *Spatial Econometrics* [M]. Regional Research Institute, West Virginia University, 1999.

155. Lewis D J, Barham B L, Zimmerer K S. Spatial Externalities in Agriculture: Empirical Analysis, Statistical Identification, and Policy Implications [J]. *World Development*, 2008, 36 (10): 1813 –1829.

156. Lewis D J, Plantinga A J, Wu J J. Targeting incentives to reduce habitat fragmentation [J]. *American Journal of Agricultural Economics*, 2009, 91 (4): 1080 –1096.

157. Lichtenberg E, Ding C. Assessing farmland protection policy in China [J]. *Land Use Policy*, 2008, 25 (1): 59 –68.

158. Lin Y P, Chu H J, Wu C F, et al. Predictive ability of logistic regres-

sion, auto-logistic regression and neural network models in empirical land-use change modeling-acasestudy [J]. *International Journal of Geographical Information Science*, 2011, 25 (1): 65 – 87.

159. Liu X, Lynch L. Do Zoning Regulations Rob Rural Land owners' Equity? [J]. *American Journal of Agricultural Economics*, 2011, 93 (1): 1 – 25.

160. Long H, Liu Y, Li X, et al. Building new countryside in China: A geographical perspective [J]. *Land Use Policy*, 2010, 27 (2): 457 – 470.

161. Lorenz M O. Methods of measuring the concentration of wealth [J]. *Publications of the American Statistical Association*, 1905, 9 (70): 209 – 219.

162. López E, Bocco G, Mendoza M, et al. Predicting land-cover and land-use change in the urban fringe: A case in Morelia city, Mexico [J]. *Landscape and Urban Planning*, 2001, 55 (4): 271 – 285.

163. Luo J, Yu D, Xin M. Modeling urban growth using GIS and remote sensing [J]. *GIScience & Remote Sensing*, 2008, 45 (4): 426 – 442.

164. McMillen D P. An empirical model of urban fringe land use [J]. *Land Economics*, 1989: 138 – 145.

165. McMillen D P. Geographically Weighted Regression: The Analysis of Spatially Varying Relationships [J]. *American Journal of Agricultural Economics*, 2004, 86 (2): 554 – 556.

166. Mills D E. Segregation, Rationing and Zoning [J]. *Southern Economic Journal*, 1979: 1195 – 1207.

167. Moran P A. Notes on continuous stochastic phenomena [J]. *Biometrika*, 1950, 17 – 23.

168. Moskowitz H S, Lindbloom C G. *The New Iillustrated Book of Development Definitions* [M]. New Brunswick, NJ: Rutgers University, Center for Urban Policy Research, 1993.

169. Nelson A C, Pruetz R, Woodruff D. *The TDR Handbook: Designing and Implementing Transfer of Development Rights Programs* [M]. Island Press, 2011.

170. Nelson G C, Hellerstein D. Do roads cause deforestation? Using satellite

images in econometric analysis of land use [J]. *American Journal of Agricultural Economics*, 1997, 79 (1): 80 – 88.

171. Newburn D A, Berck P. Modeling suburban and rural-residential development beyond the urban fringe [J]. *Land Economics*, 2006, 82 (4): 481 – 499.

172. Nickerson C, Cooper J, Feather P, et al. *Farmland Protection: the Role of Public Preferences for Rural Amenities* [M]. Washington, DC: US Department of Agriculture, Economic Research Service, 2002.

173. Osborne P E, Suárez-Seoane S. Should data be partitioned spatially before building large-scale distribution models? [J]. *Ecological Modelling*, 2002, 157 (2): 249 – 259.

174. Overmars K P, De Koning G H J, Veldkamp A. Spatial autocorrelation in multi-scale land use models [J]. *Ecological Modelling*, 2003, 164 (2): 257 – 270.

175. Paelinck J H P, Klaassen L L H. *Spatial Econometrics* [M]. Saxon House, Farnborough, 1979.

176. Parker D C, Munroe D K. The geography of market failure: edge-effect externalities and the location and production patterns of organic farming [J]. *Ecological Economics*, 2007, 60 (4): 821 – 833.

177. Pendall R. Do land-use controls cause sprawl? [J]. *Environment and Planning B: Planning and Design*, 1999, 26 (4): 555 – 571.

178. Pickett S T A, Kolasa J, Jones C G. *Ecological Understanding: the Nature of Theory and the Theory of Nature* [M]. Academic Press, 2010.

179. Pigou A C. *The Economics of Welfare* [M]. London: Macmillan, 1932.

180. Pizor P J. Making TDR work: a study of program implementation [J]. *Journal of the American Planning Association*, 1986, 52 (2): 203 – 211.

181. Quah D. The global economy's shifting centre of gravity [J]. *Global Policy*, 2011, 2 (1): 3 – 9.

182. Razin E. Policies to control urban sprawl: Planning regulations or changes in the 'rules of the game'? [J]. *Urban Studies*, 1998, 35 (2): 321 – 340.

183. Robinson L, Newell J P, Marzluff J M. Twenty-five years of sprawl in the Seattle region: growth management responses and implications for conservation [J]. *Landscape and Urban Planning*, 2005, 71 (1): 51 –72.

184. Rothblatt D N. North American metropolitan planning: Canadian and US perspectives [J]. *Journal of the American Planning Association*, 1994, 60 (4): 501 –520.

185. Saefuddin A, Setiabudi N A, Fitrianto A. On Comparison between Logistic Regression and Geographically Weighted Logistic Regression: with Application to Indonesian Poverty Data [J]. *World Applied Sciences Journal*, 2012, 19 (2): 205 –210.

186. Sawada M. Global spatial autocorrelation indices-Moran's I, Geary's C and the General Cross-Product Statistic. 2004. From: http://www.lpc.uottawa.ca/publications/moransi/moran.htm

187. Schiffman I, Schiffman A. *Alternative Techniques for Managing Growth* [M]. Berkeley: University of California, Institute of Governmental Studies Press, 1999.

188. Tobler W R. A computer movie simulating urban growth in the Detroit region [J]. *Economic Geography*, 1970, 46 (2): 234 –240.

189. Van der Valk A. The Dutch planning experience [J]. *Landscape and Urban Planning*, 2002, 58 (2): 201 –210.

190. Van Vliet J, Hurkens J, White R, et al. An activity-based cellular automaton model to simulate land-use dynamics [J]. *Environment and Planning B: Planning Design*, 2012, 39 (2): 198 –212.

191. Veldkamp, A, Lambin, E F. Predicting land-use change [J]. *Agriculture, Ecosystems & Eenvironment*, 2001, 85 (1): 1 –6.

192. Verburg P H, Soepboer W, Veldkamp A, et al. Modeling the spatial dynamics of regional land use: the CLUE-S model [J]. *Environmental Management*, 2002, 30 (3): 391 –405.

193. Wang J, Chen Y, Shao X, et al. Land-use changes and policy dimension driving forces in China: Present, trend and future [J]. *Land Use Policy*, 2012,

29 (4): 737 –749.

194. Wang X, Kockelman K M. Application of the dynamic spatial ordered probit model: Patterns of land development change in Austin, Texas [J]. *Papers in Regional Science*, 2009, 88 (2): 345 –365.

195. Wegener M. Overview of land-use transport models [J]. *Handbook of Transport Geography and Spatial Systems*, 2004, 5: 127 –146.

196. Weinzettel J, Hertwich E G, Peters G P, et al. Affluence drives the global displacement of land use [J]. *Global Environmental Change*, 2013, 23 (2): 433 –438.

197. White R, Uljee I, Engelen G. Integrated modelling of population, employment and land-use change with a multiple activity-based variable grid cellular automaton [J]. *International Journal of Geographical Information Science*, 2012, 26 (7): 1251 –1280.

198. Wu Q, Li H, Wang R, et al. Monitoring and predicting land use change in Beijing using remote sensing and GIS [J]. *Landscape and Urban Planning*, 2006, 78 (4): 322 –333.

199. Yang X, Zheng X Q, Lv L N. Aspatio temporal model of landuse change based on an tcolony optimization, Markov chain and cellular automata [J]. *Ecological Modelling*, 2012, 233: 11 –19.

200. Zhou B, Kockelman K M. Neighborhood impacts on landuse change: a multinomial logit model of spatial relationships [J]. *The Annals of Regional Science*, 2008, 42 (2): 321 –340.